母と子の世紀 1

世界の友と教育を語る

池田大作

著 者 近 影

まえがき

世界には、さまざまな人々がいます。民族《みんぞく》が違《ちが》えば、言葉も違う。文化や慣習《かんしゅう》、顔立ち、服装《ふくそう》も、千差万別《せんさばんべつ》です。

しかし、世界中どこに行っても、変《か》わらないものがあります。それは、「子どもを思う愛情《あいじょう》」ではないでしょうか。

フランスの文豪《ぶんごう》ユゴーは、「よいおじいちゃんぶり」と題する詩集の中で、孫《まご》たちに対する愛情を歌っています。

「いとしいジャンヌ！　いとしいジョルジュ！　私の心をとらえて放《はな》さぬ声よ！

天の星屑《ほしくず》が歌うものなら、こんなふうにかたことを言うだろう」（辻《つじ》昶《とおる》・稲垣《いながき》直樹《なおき》訳《やく》）

ユゴーの生命の讃歌《さんか》は、万葉《まんよう》の歌人・山上憶良《やまのうえのおくら》が詠《よ》んだ、有名な次の歌とも響《ひび》き合います。

「銀《しろかね》も黄金《くがね》も玉も何《なに》せむに　勝《まさ》れる宝《たから》　子にしかめやも」

――どんな素晴《すば》らしい黄金《おうごん》も、貴重《きちょう》な宝玉《ほうぎょく》も、何になるだろうか。子どもに勝る「宝」などないのだ、と。

海を越《こ》えて、時代を超《こ》えて、子を思う心は、世界共通《きょうつう》です。

私も、世界の国々を訪問《ほうもん》するなかで、最《もっと》もうれしく、楽しみにしてきたことの一つが、それぞれの国での、子どもたちとの出会いでした。

子どもたちの愛《あい》らしい姿《すがた》を見ると、私の心は躍《おど》ります。喜《よろこ》びがはじけたような笑《わら》い声。生き生きと走り回《まわ》る快活《かいかつ》さ。未来《みらい》の夢《ゆめ》を語るときの率直《そっちょく》さ。

子どもたちの瞳《ひとみ》の輝《かがや》きに、国境《こっきょう》はありません。

今から二十年以上前《いじょうまえ》、初《はじ》めて中国を訪《おとず》れたときのことです。一人の少女が、私《わたし》に言いました。

「おじさんは、何をしに中国へ来たの？」

私は、答えました。

「あなたに会うためです！」と。

後に続《つづ》く世代《せだい》のために、大きく道を開きたい。未来《みらい》っ子たちが、のびのびと活躍《かつやく》できる、幸福と友情《ゆうじょう》の「舞台《ぶたい》」を築《きず》いておきたい。私は、そのために生きております。

私の心には、世界中で出会った子どもたちの瞳《ひとみ》が、きらきらと輝《かがや》き、かわいらしい声が響《ひび》いています。

子どものにぎやかな声——それは、「平和の音楽」であり、「希望《きぼう》の調《しら》べ」です。

ドイツの作家ケストナーに、『動物会議《どうぶつかいぎ》』という作品があります。これは、戦争《せんそう》ばかりして、子どもの幸《しあわ》せを少しも考えない人間の大人《おとな》に、動物たちがしびれを切らし、すべての子どもを取り上げてしまうという物語でした。

もしも、この世界から子どもがいなくなったら、どれほど寂《さび》しく、どれほど恐《おそ》ろしい沈黙《ちんもく》の世界になってしまうでしょうか。そして、その世界に、「未来《みらい》」はないのです。

振《ふ》り返《かえ》って、今、本当の意味で、子どもたちは大事にされているでしょうか。「生きる歓《よろこ》び」に輝《かがや》いているでしょうか。

大人《おとな》は、子どもたちのために、断《だん》じて、人間性豊《にんげんせいゆた》かな平和な社会を築《きず》き残《のこ》していかねばなりません。

子どもたちの幸せのために、何ができるのか。皆《みな》が力を合わせて、子どもたちの教育を第一義《だいいちぎ》とする「教育のための社会」でありたい——。

そうした思いを込《こ》めて、私は、世界のＳＧＩ（創価学会《そうかがっかい》インタナショナル）メンバーの代表と、雑誌《ざっし》「灯台《とうだい》」誌上《しじょう》で、さまざまに語り合いました。

本書には、そのうち、アメリカとブラジルの友との語らいが収《おさ》められています。国によって、当然《とうぜん》、教育制度《せいど》や、しつけ、習慣《しゅうかん》などは違《ちが》います。しかし、親が子に注《そそ》ぐ愛情《あいじょう》は普遍的《ふへんてき》なものであり、そうした違《ちが》いも、それぞれに、子どもたちをすこやかに育《はぐく》もうという切《せつ》なる願《ねが》いと努力《どりょく》の表れといえます。

どの国の教育にも、歴史《れきし》と文化と生活のなかで結晶《けっしょう》した「子育《こそだ》ての知恵《ちえ》」が、たくさん散《ち》りばめられています。その中に、今、私たちが直面《ちょくめん》している教育の課題《かだい》を解《と》く、何らかの「鍵《かぎ》」が秘《ひ》められているにちがいありません。

スペインのことわざに、こうあります。

「最《もっと》もよい匂《にお》いはパンの匂《にお》いであり、最もよい味は塩《しお》の味であり、最もよい愛《あい》は子どもへの愛である」

「子どもへの愛」を心に抱《いだ》く、すべての方々に本書を捧《ささ》げます。

二〇〇一年六月六日
子どもたちの幸福を祈《いの》り続《つづ》けられた
牧口常三郎先生の生誕《せいたん》・満《まん》百三十周《しゅう》年の日に

池田大作

母と子の世紀(1)　目次

第1章

母の願《ねが》い
母の栄冠《えいかん》

アメリカ①

（アメリカの国花・ハナミズキ）

出席者

エド・フィーゼル
(Edward Feasel)

*

神奈川県横須賀市生まれ。エール大学を経て、カリフォルニア大学バークレー校で経済学博士号取得。現在、アメリカ創価大学経済学部教授、同学生部長。アメリカＳＧＩにて、全米高等部長、男子部長、青年部長を歴任し、1999年12月より総合青年部長。１男１女の父。カリフォルニア州オレンジ郡在住。

マチルダ・バック
(Matilda Buck)

*

アメリカ、アリゾナ州トゥーソン市生まれ。カリフォルニア大学ロサンゼルス校に学ぶ。アメリカＳＧＩにて、方面婦人部長、総合方面婦人部長、全国副婦人部長、副理事長などを歴任し、1999年12月より全国婦人部長。１男１女の母。カリフォルニア州ロサンゼルス市在住。

アメリカに新時代――
礎《いしずえ》を築《きず》いた母たちに感謝《かんしゃ》

池田　二十一世紀《せいき》の焦点《しょうてん》は、「教育」です。教育の深《ふか》さが、社会の深さとなり、未来《みらい》を決定《けってい》づけます。

牧口先生（創価学会初代会長）、戸田先生（同第二代会長）の心を受《う》け継《つ》ぎ、〝教育こそ人生最終《さいしゅう》の事業《じぎょう》〟と行動してきた私も、今までに倍《ばい》する情熱《じょうねつ》と力を注《そそ》いでいきたいと決意《けつい》しています。

このてい談《だん》では、世界各国のＳＧＩ（創価学会インタナショナル）のメンバーを迎《むか》え、幅広《はばひろ》い視点《してん》から教育や子育てのあり方について、語《かた》り合《あ》っていきたいと思います。

まず最初《さいしょ》は、アメリカのお二人《ふたり》です。

フィーゼルさんは、厳《きび》しい環境《かんきょう》に負《ま》けず、アメリカの名門《めいもん》・エール大学を首《しゅ》席《せき》で卒業《そつぎょう》した秀才《しゅうさい》。

バックさんは、アメリカＳＧＩで初《はじ》めての、日本人ではない〝アメリカ人〟の婦人部長ですね。

バック婦人部長の誕生《たんじょう》に、日本からアメリカに渡《わた》って、アメリカＳＧＩの草《そう》創期《そうき》を築《きず》き上げた婦人部の先輩《せんぱい》たちも、「私たちが祈《いの》ってきたとおりの、すばらしい時代がやってきました！」と大歓迎《だいかんげい》していました。

フィーゼル　私の母も日本人ですが、とても喜《よろこ》んでいます。母は、アメリカ海軍《かいぐん》に勤務《きんむ》していた父と、神奈川《かながわ》県の横須賀《よこすか》で結婚《けっこん》し、その後、アメリカにやってきました。日本から嫁《とつ》いできた母にとっては、英語を話すことも、新しい文化に慣《な》れることも大変《たいへん》なことでした。

さまざまな苦労《くろう》を乗《の》り越《こ》え、アメリカ社会に幸福《こうふく》の仏法《ぶっぽう》を広めようと走《はし》り抜《ぬ》いてきた母たちにとって、バック婦人部長の誕生《たんじょう》は、「新しい時代」がやってきた象徴《しょうちょう》なのです。

☰　世界の友と教育をめぐって語り合う池田ＳＧＩ会長

バック　ありがとうございます。皆《みな》さんの期待《きたい》に応《こた》えられるよう、精《せい》いっぱい、頑張《がんば》ります。

今の私があるのは、池田先生をはじめ、夫《おっと》や家族《かぞく》、そして多くの方々《かたがた》に支《ささ》えられてきたおかげです。

とくに、母には深《ふか》く感謝《かんしゃ》しています。

父を早くに亡《な》くし、母が、女手《おんなで》一つで育ててくれたのです。

池田　お父さんが亡《な》くなられたのは、いつごろですか。

バック　私が生まれて九カ月のときのことでした。

両親《りょうしん》が出会《であ》ったのは、母の働いていた療養所《りょうようじょ》に心臓病《しんぞうびょう》を患《わずら》った父が入《はい》ったのが、きっかけだったそうです。

そのころすでに、父の病気は重く、もう長くは生きられないと宣告《せんこく》されていました。

しかし、二人《ふたり》の愛は深《ふか》く、結婚《けっこん》を誓《ちか》いました。

医師《いし》をはじめ周囲《しゅうい》の人々は、二人《ふたり》の結婚《けっこん》に反対《はんたい》しましたが、母は、父の命が残《のこ》り少ないことを覚悟《かくご》の上で結婚したのです。

池田　それほど強い絆《きずな》で結《むす》ばれていたのですね。

バック　はい。本当《ほんとう》に、そう思います。

医師《いし》の宣告《せんこく》どおり、私が生まれて一年にも満《み》たないうちに、父は亡《な》くなりました。

覚悟していたとはいえ、母のショックは大きかったようです。

母は、深《ふか》い悲《かな》しみから、なかなか立《た》ち直《なお》ることができませんでした。悲しみを紛《まぎ》らわせるため、お酒《さけ》に頼《たよ》るようになってしまった時期もありました。

アルコール依存症《いぞんしょう》になると、子育てを放棄《ほうき》してしまう親も多いですが、母は決《けっ》してそんなことはありませんでした。繊細《せんさい》で、愛情深《ぶか》く、責任感《せきにんかん》のある母でした。子どものために、できるかぎりのことを何でもしてくれました。

むしろ、母の苦《くる》しむ姿《すがた》を見ることが、私にとってつらいことでした。

母は、六十歳くらいまで保育園《ほいくえん》に勤《つと》めていました。小さい子ども相手《あいて》の仕事なので、年をとってからは、体力的《たいりょくてき》にもきつかったと思います。

生活は苦《くる》しく、アパート住《ず》まいでしたが、どんなところでも母は、知恵《ちえ》と工夫《くふう》で、快適《かいてき》に、チャーミングな環境《かんきょう》にしてくれました。

ですから私は、母の深《ふか》い愛情に包《つつ》まれて育つことができたと思います。

子どもの勝利《しょうり》が親の勝利に

池田　偉大《いだい》なお母さんです。

時には、悲《かな》しみに押《お》しつぶされそうになったこともあったでしょう。すべてを捨《す》てて、地面《じめん》に倒《たお》れ伏《ふ》したいような気持ちになることもあったでしょう。

それでも、倒《たお》れなかった。いや、倒れられなかった。

愛する子どもがいたから。愛する夫《おっと》が残《のこ》した、「宝《たから》」の子どもがいたからだと思います。

「母の愛」は、偉大《いだい》です。

苦労《くろう》多き人生だったかもしれませんが、お母さんは厳然《げんぜん》と勝ちました。その最《もっと》も強いものです。

証拠《しょうこ》は、バックさん、あなた自身《じしん》の姿《すがた》です。

子どもの勝利《しょうり》は、親の勝利です。あなたが幸福《こうふく》であれば、お父さんも、お母さんも、永遠《えいえん》の幸福に包《つつ》まれていく。

仏法《ぶっぽう》は、大宇宙《だいうちゅう》を貫《つらぬ》く生命の法則《ほうそく》だからです。お父さんも、お母さんも、必《かなら》ずバックさんといっしょにいるのです。

一番、悲《かな》しんだ人が、一番、幸福《こうふく》になる。それが仏法《ぶっぽう》です。

今、あなたが、アメリカの女性《じょせい》リーダーとして、多くの人々に勇気《ゆうき》と希望《きぼう》を与《あた》えている。その姿《すがた》が、バックさんの家族《かぞく》と一族《いちぞく》の幸福《こうふく》を、何よりも雄弁《ゆうべん》に物語《ものがた》っています。

バック　ありがとうございます。池田先生に、そうおっしゃっていただけると、本当に感激《かんげき》です。

「母親のせいで、私の人生《じんせい》は狂《くる》ってしまった」と嘆《なげ》いている人は、世《よ》の中に、数《かず》多《おお》くいると思います。私も、この信心《しんじん》に巡《めぐ》りあっていなかったら、母を恨《うら》んでいたかもしれません。

しかし私は、仏法《ぶっぽう》に出《で》あい、池田先生によって最高《さいこう》の人生《じんせい》を教えていただきました。だからこそ、今、心の底《そこ》から母に「ありがとう」と言えるようになりました（涙ぐんで）。

池田　お母さんに感謝《かんしゃ》できる人――その人が、本当《ほんとう》の幸福者《こうふくしゃ》です。

「民衆《みんしゅう》に尽《つ》くす人材《じんざい》」を育てる

アメリカ創価大学

池田　さて、アメリカといえば、いよいよアメリカ創価大学のオレンジ郡《ぐん》キャン

ファウンダーズ〈創立精神の継承者《けいしょうしゃ》〉・ホール（アメリカ創価大学オレンジ郡《ぐん》キャンパスの本部棟《とう》）

パスが開学《かいがく》します。
教授陣《きょうじゅじん》も、アメリカ全土《ぜんど》、また世界各国《かっこく》から集《つど》い、最高《さいこう》の陣容《じんよう》が整《ととの》ってきている。そのお一人《ひとり》がフィーゼルさんです。

全米最高峰《ぜんべいさいこうほう》のエール大学経済学部《けいざいがくぶ》を首席《しゅせき》で卒業《そつぎょう》し、名門《めいもん》カリフォルニア大学バークレー校の大学院《だいがくいん》で経済学博士号《はくしごう》を取得《しゅとく》。二十代の若さでジョージ・ワシントン大学の助教授《じょきょうじゅ》になられた。

世界的な俊英《しゅんえい》のフィーゼルさんが、教授《きょうじゅ》として、また学生部長として、アメリカ創価大学で仕事をしてくださることは、大変《たいへん》にうれしい。

創立者《そうりつしゃ》として、感謝《かんしゃ》いたします。

フィーゼル　とんでもありません。

世界最高《さいこう》の使命《しめい》ある職場《しょくば》で働《はたら》くことができ、私のほうこそ、どれほど感謝《かんしゃ》していいか分《わ》かりません。

アメリカ創価大学から、グローバル（地球的）な視点《してん》を持った、「二十一世紀《せいき》のリーダー」を陸続《りくぞく》と輩出《はいしゅつ》していきます。
自分が得《え》た知識《ちしき》を使って、民衆《みんしゅう》を利用《りよう》するのではなく、「民衆に尽《つ》くす人材《じんざい》」を育てていきたいと決意《けつい》しています。

池田　今、フィーゼルさんが言われたことは、「創価教育」の大きな眼目《がんもく》です。

自分のためだけに生きるのではなく、そこからさらに一歩《いっぽ》、踏《ふ》み出《だ》して、「人々《ひとびと》に奉仕《ほうし》する人間」を育てられるかどうかです。

フィーゼル　私は、その生き方を、池田先生から、そして苦労《くろう》して私を育ててくれた母から学《まな》びました。

私が生まれた年（一九六五年）、私たち家族《かぞく》

は横須賀《よこすか》から、アメリカのシカゴに移《うつ》りました。

ところが、まもなく父は、ベトナム戦争《せんそう》に召集《しょうしゅう》されてしまいました。母は、まだ慣《な》れないアメリカで、英語もうまく話せないのに、生まれたばかりの私と取《と》り残《のこ》され、どんなに心細《こころぼそ》かったことかと思います。

母は、女性《じょせい》にとっては大変《たいへん》な重労働《じゅうろうどう》である、船《ふね》のペンキ落《お》としなどの仕事をしながら家計《かけい》をやりくりし、乳飲《ちの》み子《ご》の私を育て、父の帰《かえ》りを待《ま》ちました。

私が五歳になるころ、父はベトナムから戻《もど》り、カリフォルニア州のサンディエゴに引《ひ》っ越《こ》しました。まもなく父は退役《たいえき》したものの、よい仕事には恵《めぐ》まれませんでした。

しばらくして弟《おとうと》が生まれましたが、弟は一人《ひとり》で体を動かすこともできない重度《じゅうど》の障害《しょうがい》を持っていたのです。

母は医師《いし》から、言われました。「この子は普通《ふつう》の人生は送《おく》れないでしょう。施《し》設《せつ》に預《あず》け、この子のことは忘《わす》れなさい」と。

しかし母は、自分で育てることに決めました。「私が産《う》んだ子どもだ。私が見《み》放《はな》したら、この子はあまりにかわいそうだ。私がこの手で育《そだ》ててみせる！」という気持ちだったと思います。

そうした間《あいだ》も経済苦《けいざいく》は続《つづ》き、食事代《しょくじだい》にも事欠《ことか》くありさまだったので、母は働きに出ました。フルタイムのメードです。

それでも、母が愚痴《ぐち》を言ったのを私は一度も聞いたことがありません。母は、鋼《はがね》のような強い心を持った女性《じょせい》でした。その源泉《げんせん》が信仰《しんこう》でした。昼間《ひるま》の仕事を終《お》えた後《あと》、学会活動《かつどう》をして、人々のために尽《つ》くす母の姿《すがた》を見ながら、私は育ったのです。

「夢《ゆめ》をあきらめてはいけない！

必《かなら》ず自分は勝利《しょうり》する！」

池田　すごいお母さんですね。偉大《いだい》です。どんな逆境《ぎゃっきょう》にも負《ま》けない人が偉《えら》いのです。

お母さんが働きに出ている間《あいだ》、弟《おとうと》さんの面倒《めんどう》をみてくれる人はいたのですか。

フィーゼル　私が見ました。ですから、近所《きんじょ》の友だちと遊《あそ》びたくても、外に出て遊ぶことはできませんでした。

でも、いろいろ想像力《そうぞうりょく》をわかせて、一人《ひとり》で遊びました。部屋《へや》の中で、弟の様子《ようす》を見ながらです。

苦労《くろう》する母に応《こた》えたい、何とか喜《よろこ》ばせたいとの思いから、私は一流《いちりゅう》大学を目《め》指《ざ》し、懸命《けんめい》に勉強《べんきょう》に励《はげ》むようになりました。

当時《とうじ》は単純《たんじゅん》に、成功者《せいこうしゃ》になって、お金持《かねも》ちになり、母に家を買ってあげたり、裕福《ゆうふく》な暮《く》らしをさせてあげたいと思ったのです。

私と家族《かぞく》にとって、最大《さいだい》の転機《てんき》となったのは、高校三年の時のことです。一九八四年でした。

一流《いちりゅう》大学に入《はい》りたいという夢《ゆめ》が、一番、高まっていた時でした。当時《とうじ》、私はすでに全米《ぜんべい》でトップクラスの大学に入学《にゅうがく》の申請《しんせい》を出すレベルにまで達《たっ》していました。

しかし、ちょうどそのころ、警備員《けいびいん》をしていた父が失業《しつぎょう》したのです。アメリカは小切手《こぎって》で支払《しはら》いをしますが、銀行《ぎんこう》にはもうお金がなく、債権者《さいけんしゃ》が家に押《お》しかけてきました。

大学進学《しんがく》にはお金がかかります。自分の夢《ゆめ》も、もう終わりかと思いました。

父は、一家《いっか》の柱《はしら》としての誇《ほこ》りを持っていましたから、そのことをとても気に病《や》んでいました。

母は家計《かけい》を支《ささ》えるために、朝から晩《ばん》まで働いていました。

そんなある日、母が仕事に出かけた後《あと》、ふと気がつくと、私の部屋《へや》に父が立っていました。そして静《しず》かに、愛情《あいじょう》のこもった声で言いました。

「もう心配《しんぱい》しなくていいよ。私が何とかするから……」

少し様子《ようす》がおかしいと思い、よく見ると、父の手には、睡眠薬《すいみんやく》の瓶《びん》が握《にぎ》られていました。中身《なかみ》は空《から》っぽでした。

私はあわてて救急車《きゅうきゅうしゃ》を呼《よ》びました。父は、自殺《じさつ》を図《はか》ったのです。生命保険《せいめいほけん》の保険金で、お金をつくろうとしたのです。父は命を取《と》り留《と》めましたが、一カ月間、入院《にゅういん》することになりました。

何の希望《きぼう》も見えない、真《ま》っ暗闇《くらやみ》の日々《ひび》でした。

そんな時でした。アメリカを訪問《ほうもん》されていた池田先生が、サンディエゴに来られたのです。

池田　覚《おぼ》えています。

サンディエゴのスポーツアリーナで行《おこ》なわれた、日米青年合同総会《にちべいせいねんごうどうそうかい》があった時ですね。

二万人もの青年《せいねん》が集《つど》った、大変《たいへん》、盛大《せいだい》な総会《そうかい》でした。

フィーゼル　私は、ブラスバンドの一員《いちいん》として参加《さんか》しました。

第１回日米青年合同総会で、歓声《かんせい》に応《こた》える池田ＳＧＩ会長（1984年３月）（写真上）

ロサンゼルス男子部525人が、４段ピラミッドをはじめ、ローラースケートの妙技《みょうぎ》を披露《ひろう》（写真左）

総会《そうかい》に参加《さんか》するため、私は毎日、学校の後、父の病院《びょういん》を見舞《みま》い、それからブラスバンドの練習《れんしゅう》、創価班《そうかはん》など、会館《かいかん》で夜遅《よるおそ》くまで総会の準備《じゅんび》に全力投球《ぜんりょくとうきゅう》しました。

そんな折《おり》、現在《げんざい》、アメリカ創価大学の学長《がくちょう》をしているハブキさんが、私のことを池田先生に報告《ほうこく》してくださったのです。

先生は私に、大学合格《ごうかく》を祈《いの》る激励《げきれい》の品《しな》を贈《おく》ってくださいました。それを受け取った時、絶望《ぜつぼう》しそうになっていた私の心に、勇気《ゆうき》の灯《ひ》がともりました。再《ふた》び希望《きぼう》が輝《かがや》き始《はじ》めました。

「夢《ゆめ》をあきらめてはいけない！　必《かなら》ず自分は勝利《しょうり》するのだ！」と。

それから、母といっしょに、一段《いちだん》と真剣《しんけん》な祈《いの》りを重《かさ》ねました。時には、祈っている最中《さいちゅう》に涙《なみだ》がこみ上げてくることもありました。泣くのはもっぱら私で（笑い）、母は決《けっ》して泣きませんでしたが。

その後《ご》、退院《たいいん》した父もいっしょに祈《いの》るようになり、再就職《さいしゅうしょく》の活動《かつどう》を始《はじ》めました。

池田先生のサンディエゴ訪問《ほうもん》から、一カ月ほどがたった日、ついに、父が面接《めんせつ》を受けた会社から採用《さいよう》の通知《つうち》が来ました。

そして、その同じ日に、エール大学から連絡《れんらく》が入《はい》りました。それは、学費全額《がくひぜんがく》免除《めんじょ》の特別奨学生《とくべつしょうがくせい》（フルスカラシップ）として、私の入学《にゅうがく》が決まったとの知らせだったのです。

それまで、まさに〝地獄《じごく》〟にいるような数カ月間でしたが、一日で、わが家《や》の福運《ふくうん》が、大きく開花《かいか》したのです。

この日、一家《いっか》の宿命《しゅくめい》を転換《てんかん》することができたと実感《じっかん》しました。

朝の来ない夜はない
心強き人が幸福の人

池田　よく頑張《がんば》ったね。よく負《ま》けなかった。

つらさに耐《た》えて、強い心を貫《つらぬ》いたがゆえに、フィーゼルさんのご一家《いっか》は勝利《しょうり》することができたのです。

人生《じんせい》は、順調《じゅんちょう》な時だけではない。時に、思いもかけなかったような苦難《くなん》に出《で》あうことがある。

しかし、いくら泣《な》き言《ごと》を言い、運命《うんめい》を嘆《なげ》いても、始《はじ》まらない。心強く生きる人が、本当《ほんとう》の幸福をつかむことができるのです。

朝の来ない夜はありません。

夜は暗《くら》く、夜明《よあ》けが近いほど、闇《やみ》も深《ふか》い。その暗さゆえに、永遠《えいえん》に朝が来ないように思える時があるかもしれません。

しかし、夜の次《つぎ》には、必《かなら》ず朝が来ると信じることです。それが、信仰《しんこう》を持った人の強さなのです。

フィーゼル　私たち家族《かぞく》が、「夜明けが必《かなら》ず来る」ことを信じられたのは、池田先生の励《はげ》ましがあったからです。

バック　私たちの中に、どれほど大きな力が秘《ひ》められているか、気づかせてくれたのが池田先生です。

先生は、常《つね》に私たち一人《ひとり》ひとりの可能性《かのうせい》を見いだし、それを尊重《そんちょう》し、どこまでも育てようとしてくださいます。

生命と生命の触発《しょくはつ》で、私たちを「エンパワー（empower〈力を与《あた》える〉）」してくださるのです。

以前、私は、アメリカSGIの活動《かつどう》と、家族《かぞく》のために過《す》ごす時間の両立《りょうりつ》をどうするか、考えていた時期《じき》がありました。

そんな時、先生から一枚の揮毫《きごう》が届《とど》けられたのです。そこには、日本語でこう書かれていました。

「創価福運山《ふくうんざん》
　幸福バック城《じょう》」

意味を英語に訳《やく》してもらった私は、目を開かれる思いがしました。

るのではない。「夫《おっと》の幸《しあわ》せも、子どもの幸せも、そして孫《まご》の幸せも、それぞればらばらにあ

今、私は、人々のために尽《つ》くす行動《こうどう》によって『バック城《じょう》』という福運《ふくうん》の城《しろ》を築《きず》いている。そして、この城の中に、愛する家族《かぞく》の幸福が、すべて含《ふく》まれているのだ」と。

この先生の励《はげ》ましがなかったら、アメリカ婦人部長のお話をいただいた時に、お引き受けする自信《じしん》がなかったかもしれません。

池田　地上《ちじょう》に一つの太陽《たいよう》が昇《のぼ》れば、万物《ばんぶつ》はエネルギーを受けることができる。同じように、家族《かぞく》の中で、自分が「太陽《たいよう》」となれば、その光で周囲《しゅうい》を照《て》らしていくことができるのです。

バックさんは、どうかご主人《しゅじん》を大切《たいせつ》に、大切にしていってください。バック婦人部長を支《ささ》えてくださる、すばらしいご主人です。

同じ理想《りそう》を目指《めざ》す夫婦《ふうふ》の絆《きずな》は、最《もっと》も強く、最も美しい。

いつまでも仲良《なかよ》く、いつまでも健康《けんこう》で、この人生《じんせい》を楽しみきっていただきたいのです。

転校《てんこう》もプラスに変えて どんな人とも友だちに

池田 さて、ここで、お二人《ふたり》にアメリカの教育について、話をうかがいたいと思います。お二人は、どんな学校生活を送《おく》っていましたか。

バック 思い出に残《のこ》っているのは、とにかく転校《てんこう》が多かった、ということです。いつも経済的《けいざいてき》に苦《くる》しかったせいもあり、何度《なんど》も住《す》まいを変えました。

ですから、同じ学校に二年以上、通《かよ》ったことがありません。ほとんどロサンゼルスの周辺《しゅうへん》だったのですが、小学校から高校までの間《あいだ》に、九回、転校《てんこう》しています。

池田 そんなに転校《てんこう》が多いと、友だちをつくるのが大変《たいへん》だったのではないでしょうか。

日本では、転校生《てんこうせい》がいじめられることも少なくありません。

バック　そうですね。新しい学校に行く時は、とてもどきどきしました。ランチタイムの時に、いっしょに昼食《ちゅうしょく》を食べる友人《ゆうじん》がいなかったら、どうしようかと。

転校《てんこう》した学校の環境《かんきょう》も、ある時は、貧《まず》しい地域《ちいき》、ある時は、比較的《ひかくてき》、裕福《ゆうふく》な地域と、さまざまでした。

でも今から考えますと、転校《てんこう》のおかげで、いろんな人とつきあえる「社交性《しゃこうせい》」が身《み》につきました。

私が今、どんな人とでも話せる自信《じしん》がついたのは、そのころの経験《けいけん》が、とても役に立っています。

フィーゼル　私は、幼稚園《ようちえん》から高校まで、ずっと同じ学区《がっく》でした。サンディエゴ郊外《こうがい》で、メキシコの国境《こっきょう》に近く、どちらかというと、あまり豊《ゆた》かでない人々が住んでいる地域《ちいき》でした。

ヒスパニック（中南米諸国《ちゅうなんべいしょこく》からの移民《いみん》）の人々《ひとびと》が多く、人種《じんしゅ》の多様性《たようせい》に富《と》んでいました。

民族《みんぞく》、宗教《しゅうきょう》などが異《こと》なるさまざまな人々がいっしょに住んでいたので、子どものころから、自分とは違《ちが》う背景《はいけい》をもつ人たちと共存《きょうぞん》していく生き方を身《み》につけていかなくてはなりませんでした。

池田　多様性《たようせい》の尊重《そんちょう》は、アメリカの特質《とくしつ》ですね。それは仏法思想《ぶっぽうしそう》の根幹《こんかん》でもあります。

ロサンゼルスに住み、子どもを現地《げんち》の学校に通《かよ》わせた、ある日本人の方《かた》が語《かた》っていました。

「日本人ということで、いじめられるのではないかと心配《しんぱい》したが、アメリカの子どもたちは、何かと手伝《てつだ》ってくれたり、話しかけてきてくれたり、すぐ友だちができた。

ところが、日本に帰ると、帰国子女《きこくしじょ》として特別扱《とくべつあつか》いされ、なかなか打《う》ち解《と》けることができなかった」と。

小さな島国《しまぐに》の精神風土《せいしんふうど》が、子どもたちにも表れているようで、残念《ざんねん》に思いました。

バック　転校《てんこう》と言えば、こんなこともありました。

中学生のころ、私は、あまり環境《かんきょう》のよくない中学校に通《かよ》っていました。周囲《しゅうい》に影響《えいきょう》されて、私も少し、〝ツッパリ少女〟になってしまいました（笑い）。心配《しんぱい》した母は、生活《せいかつ》が大変《たいへん》だったにもかかわらず、私のために、もっと環境《かんきょう》のよい地域《ちいき》に引《ひ》っ越《こ》し、私を別《べつ》の学校に転校《てんこう》させました。

転校《てんこう》する前は成績《せいせき》も悪《わる》く、何事《なにごと》にも真剣《しんけん》になれなかったのですが、新しい友人《ゆうじん》ができると、その影響《えいきょう》で、よい生徒《せいと》になりました。

高校は、母の母校《ぼこう》でもあるロサンゼルス高校に入学《にゅうがく》しました。でも、今度《こんど》は、異性《いせい》のことが気になりだし、あまり勉強に打《う》ち込《こ》めなくなりました（笑い）。

それで今度《こんど》は、母が知り合いに頼《たの》むなど、いろいろ奔走《ほんそう》して、寄宿制《きしゅくせい》の私立《しりつ》の女子校《じょしこう》に私を転入《てんにゅう》させてくれました。しつけの厳《きび》しい女子校《じょしこう》ですから、男子生徒《だんしせいと》に目を向けようにも、向けようがありません（笑い）。

おかげですばらしい先生と友人《ゆうじん》に恵《めぐ》まれ、スポーツや勉強に打《う》ち込《こ》むことができました。最後《さいご》は、生徒会長《せいとかいちょう》も務《つと》めました。

その結果《けっか》、私は、カリフォルニア大学ロサンゼルス校（UCLA）に入学《にゅうがく》することができたのです。

大事《だいじ》な青春《せいしゅん》の時期《じき》に、充実《じゅうじつ》した日々を過《す》ごせたのは、母のおかげだと思います。

卒業式《そつぎょうしき》で初《はじ》めて見せた母の〝勝利《しょうり》の涙《なみだ》〟

池田　教育について真剣《しんけん》に考えていたお母さんだったのですね。

あなたの成長《せいちょう》が、何よりの楽《たの》しみだったのでしょう。わが子のためなら、思ってもみなかった力を発揮《はっき》できるのが、母親です。それは、洋《よう》の東西《とうざい》を問《と》わず同《おな》じでしょう。

フィーゼルさんは、エール大学時代の思い出と言えば何でしょうか。アメリカの大学は、卒業《そつぎょう》するのがとても難《むずか》しいと言われますが。

フィーゼル　アメリカの大学教育は、世界で最《もっと》も質《しつ》の高い内容《ないよう》を提供《ていきょう》していると言われ、学生には、大変《たいへん》な勉強量《りょう》が課《か》せられます。

エール大学は、全《ぜん》世界から優秀《ゆうしゅう》な学生が集《あつ》まってきますから、競争《きょうそう》も激《はげ》しく、必死《ひっし》になって勉強を続《つづ》けないと、追《お》いついていけないだけでなく、すぐに退学《たいがく》になってしまいます。

私自身《じしん》、エール大学在学《ざいがく》中ほど、勉強がハードだったことはありません。しかし、苦労《くろう》して私を大学に送《おく》ってくれた父や母の姿《すがた》を思《おも》い浮《う》かべては、自《じ》分自身《ぶんじしん》を叱咤《しった》し、一生懸命《いっしょうけんめい》、勉強に励《はげ》みました。

そして、いよいよ卒業《そつぎょう》の日を迎《むか》えるという時、両親《りょうしん》、とくに母に少しでも恩《おん》返《がえ》しをしたいと思い、私は二人《ふたり》を卒業式《そつぎょうしき》に招待《しょうたい》したのです。

バック　エール大学の卒業式《そつぎょうしき》ですから、ご両親《りょうしん》は、さぞかし光栄《こうえい》に思ったでしょうね。

フィーゼル　それが、母はエール大学がどこにあって、どういう大学なのか、よくは知らなかったんです。入学《にゅうがく》の時も、「息子《むすこ》は、なんでわざわざ、そんな遠くの大学に行くのだろう？」と思っていたほどです。

池田　ご両親《りょうしん》は、ずっとサンディエゴに住んでいたのですか。

フィーゼル　はい。サンディエゴは西海岸《にしかいがん》で、エール大学は東海岸《ひがしかいがん》のニューヨークの近くにありますから、アメリカの端《はし》から端です。

私は、卒業式《そつぎょうしき》の当日《とうじつ》、両親《りょうしん》を空港《くうこう》まで迎《むか》えに行ったのですが、乗《の》っているはずの飛行機《ひこうき》が着《つ》いて、しばらくたっても、二人《ふたり》が一向《いっこう》にゲートから出てきません。「まさか、乗《の》り遅《おく》れたのでは？」と、心配《しんぱい》でやきもきしながら待《ま》っていました。到着《とうちゃく》時間から四十五分ばかり過《す》ぎたところで、空港《くうこう》の係員《かかりいん》に探《さが》してもらったところ、ゲートの中で立ち尽《つ》くしている両親《りょうしん》を見つけることができました。

一度も飛行機《ひこうき》で旅行《りょこう》などしたことがなかった両親《りょうしん》は、飛行機から降《お》りた後《あと》、どうしていいか分《わ》からず、ずっとゲートの中で待《ま》っていたんです。

池田　苦労《くろう》してきたご両親《りょうしん》がしのばれます。初《はじ》めて飛行機《ひこうき》に乗《の》れば、だれでもとまどうものです。

卒業式《そつぎょうしき》は、どうでしたか。

フィーゼル　エール大学の卒業式《そつぎょうしき》は三日間にわたって行《おこ》なわれる盛大《せいだい》な式典《しきてん》です。

全米屈指《ぜんべいくっし》の名門校《めいもんこう》ですから、各界《かっかい》を代表《だいひょう》する名士《めいし》の方々《かたがた》が、たくさん集《つど》っていました。

その雰囲気《ふんいき》に、両親《りょうしん》は、ただ驚《おどろ》いていました。

卒業式《そつぎょうしき》が始《はじ》まりました。

一日目は、交響楽団《こうきょうがくだん》の演奏会《えんそうかい》などの文化的《ぶんかてき》な行事《ぎょうじ》。

二日目は、数千人の卒業生《そつぎょうせい》が一堂《いちどう》に会《かい》する、大学全体《ぜんたい》の卒業式。著名《ちょめい》な来賓《らいひん》がスピーチをします。

三日目は、大学の中にあるカレッジごとの卒業式《そつぎょうしき》でした。

両親《りょうしん》は、今まで経験《けいけん》したことのない世界に出《で》あい、圧倒《あっとう》されたようです。

その最終日《さいしゅうび》、式典の席上《せきじょう》、経済学《けいざいがく》を専攻《せんこう》する学生の中から最優秀《さいゆうしゅう》の三人を選《えら》んだと発表《はっぴょう》されました。

大勢《おおぜい》の人が参加《さんか》した式典《しきてん》で、両親《りょうしん》の見守《みまも》るなか、私の名前も呼《よ》ばれたのです。

私は、勝利《しょうり》の姿《すがた》を両親《りょうしん》に見せることができ、大変《たいへん》、誇《ほこ》らしい気持ちがしました。

式典《しきてん》が終わり、両親《りょうしん》のもとに戻《もど》ると、父は泣《な》いていました。父は、もともと涙《なみだ》もろいのです（笑い）。

その横《よこ》で、なんと、母も泣《な》いていたのです。初《はじ》めて見た母の涙《なみだ》でした。どんなにつらい時も、悲《かな》しい時も、決《けっ》して涙を見せなかった母がです。

バック　なんと美しいお話でしょう。お母さまの勝利《しょうり》の涙《なみだ》ですね。

大学は何のためにあるのか
――民衆《みんしゅう》に尽《つ》くすためにある

フィーゼル　「とてもうれしい。本当《ほんとう》に、お前を誇《ほこ》りに思うよ」――母は、そう言ってくれ、家族《かぞく》三人で抱《だ》き合《あ》いました。

初《はじ》めて母の涙《なみだ》を見て、はっと気づきました。

「僕《ぼく》は、母の苦労《くろう》に報《むく》いるために、成功者《せいこうしゃ》になることを夢見《ゆめみ》てきた。

でも、母が本当《ほんとう》に喜《よろこ》ぶのは、そんなことではない。ただ単にお金持《かねも》ちになることでも、立派《りっぱ》な家を買ってあげることでもないんだ。

僕《ぼく》が、自分の力を、どこまでも伸《の》ばし、その力を使って、人々のために貢献《こうけん》すること。

それこそが、これまで人々に尽《つ》くし、苦労《くろう》して僕《ぼく》を育ててくれた母に恩返《おんがえ》しすることなんだ」と。

その時、私は、心に決めたのです。ビジネスの道ではなく、「人間教育」の道を歩《あゆ》もう、と。

そして、平和と文化と教育の、広布《こうふ》の運動のお役に立てる自分になろうと――。

池田　尊《とうと》いお話です。

人生《じんせい》は、何のためにあるのか。人々に奉仕《ほうし》する人生こそ、最高《さいこう》の誉《ほま》れです。

大学とは、いったい何のためにあるのか。大学は、民衆《みんしゅう》のためにある。大学に行きたくても、行けなかった、無名《むめい》の庶民《しょみん》に尽《つ》くすためにある――これが、私の信念《しんねん》です。

社会の荒波《あらなみ》にもまれ、苦労《くろう》する庶民《しょみん》の思いを、深《ふか》く知るフィーゼルさんのような方《かた》が、アメリカ創価大学で教鞭《きょうべん》を執《と》ってくださるのは、創立者《そうりつしゃ》として、本当《ほんとう》にうれしいことです。

バック婦人部長も、フィーゼル総合青年部長《そうごうせいねんぶちょう》も、大変《たいへん》な苦労《くろう》をしてこられた。しかし、今、アメリカSGIのリーダーとして、多くの人々を希望《きぼう》で照《て》らしている。

お二人《ふたり》が経験《けいけん》してきた、あらゆる苦労《くろう》、あらゆる戦いはすべて、二十一世紀《せいき》のリーダーとなるために、乗《の》り越《こ》えなければならなかった試練《しれん》だったと思えてなりません。

そのお二人《ふたり》を支《ささ》えたのは、お母さんの大きく、深《ふか》い愛でした。

「教育」といっても、その根本《こんぽん》は愛情《あいじょう》です。

今度《こんど》は私たちが、「教育の光」で二十一世紀《せいき》を照《て》らしていきましょう！

お母さんから受《う》け継《つ》いだ愛を燃《も》やして！

第2章

夢《ゆめ》を育《はぐく》み
誓《ちか》いに生きる

アメリカ②

気づかなかった娘《むすめ》の不登校《ふとうこう》

池田　今、日本で、多くのお母さんが悩《なや》んでいるのが、子どもの「不登校《ふとうこう》」です。学校に行かなくなる子どもの数はふえる一方《いっぽう》ですが、アメリカではどうですか。

バック（アメリカＳＧＩ婦人部長）　かなり深刻《しんこく》です。実《じつ》は私の家でも、娘《むすめ》が一時《いちじ》期《き》、「不登校《ふとうこう》」になったことがありました。

最初《さいしょ》は、全然《ぜんぜん》、気づきませんでした。「学校に行きたくない」と言うわけでもなく、毎朝《まいあさ》、ちゃんと起きて、元気《げんき》に家を出ていたものですから。

そんなある日、学校から電話《でんわ》がありました。

「娘《むすめ》さんが、もう何週間も、学校に来ていませんが……」

まさか！　何かの間違《まちが》いでは！――頭の中が真《ま》っ白《しろ》になり、話もほとんど耳に入《はい》りませんでした。

受話器《じゅわき》を置き、心当《こころあ》たりはないか思い浮《う》かべようとするのですが、打《う》ち消したい気持ちが先に立って、冷静《れいせい》に考えることができません。

しかたがないので、娘《むすめ》の帰宅《きたく》を待《ま》ちました。

娘《むすめ》は、私のただならない気配《けはい》に気づいたのか、帰《かえ》ってくるなり、急《いそ》ぎ足《あし》で自分の部屋《へや》に向かおうとしました。

引き止めて声をかけると、「私の勝手《かって》でしょ。放《ほう》っておいて!」と言ったきり、部屋《へや》にこもってしまったのです。

フィーゼル（アメリカSGI総合青年部長）そんなことがあったのですか。ショックだったでしょうね。

バック ええ。やっと高校三年生になり、あとは大学に送り出すだけと、思っていた矢先《やさき》の出来事《できごと》でしたから。

それなのに、突然《とつぜん》、校長《こうちょう》先生から「このままでは、娘《むすめ》さんの卒業《そつぎょう》は無理《むり》です」と言われて……。奈落《ならく》の底《そこ》に突《つ》き落《お》とされたような気持ちでした。

「いったい、どうして？」

夫《おっと》とともに、娘《むすめ》に話しかけるのですが、「もう学校なんて、どうでもいいの」と、投《な》げやりな言葉《ことば》しか返《かえ》ってきません。

〝今までこんなに、一生懸命《いっしょうけんめい》に育ててきたのに〟と、悔《くや》しいやら、情《なさ》けないやらで、私の心は、ずたずたになってしまいました。

困《こま》りはてて、先輩幹部《せんぱいかんぶ》に相談《そうだん》すると、「あなたの娘《むすめ》さんは苦《くる》しんでいるのですよ。その気持ちを分《わ》かってあげようともしないで、あなたは、自分がどう見られるかばかり気にしているのですね」と、指導《しどう》されました。

普通《ふつう》なら、そこで目が覚《さ》めるのでしょうが、追《お》い詰《つ》められていたこともあり、「この人は、私の気持ちを全然《ぜんぜん》分《わ》かってない」と、少し反発《はんぱつ》を感じたものです（笑い）。

それでも気をとり直《なお》し、娘《むすめ》のために題目《だいもく》をあげようと決意《けつい》しました。それから、一日五時間の唱題《しょうだい》に挑戦《ちょうせん》するようになったのです。

池田　娘《むすめ》さんは、どうして学校に行かなくなったのですか。

バック　いろいろと学校に話を聞いてみたのですが、別《べつ》にいじめられているとか、勉強がいやだとか、友だち関係《かんけい》で苦《くる》しんでいるといったわけではないようでした。

どうやら、仲《なか》よしの友だちが不登校《ふとうこう》になったのに影響《えいきょう》を受けて、娘《むすめ》もそれに合わせるように、学校に行かなくなってしまったようなのです。

でも、それはあくまで一つのきっかけであって、本当《ほんとう》の理由《りゆう》は別《べつ》にあるのではないかと、私は思いあぐねていました。

そんなある日、いつものように唱題《しょうだい》していると、はっと気づいたことがあったのです。

そう言えば、最近《さいきん》、娘《むすめ》の笑顔《えがお》を見たことがなかった。ひょっとしたら、娘は、自分の人生《じんせい》に「希望《きぼう》」が持てなくなってしまったのではないか――。

目の前のことに追《お》われて、今まで気づいてあげられなかった自分を、深《ふか》く反省《はんせい》しました。

それから私の祈《いの》りは、〝不登校《ふとうこう》を何とかしたい〟というものから、〝娘《むすめ》に幸《しあわ》せな人生《じんせい》を歩《あゆ》んでほしい〟という祈りへと変わっていったのです。

しばらくすると、娘《むすめ》は、再《ふたた》び、学校に通《かよ》い始《はじ》めるようになりました。

〝私には、娘《むすめ》を見捨《みす》てることはできない〟

フィーゼル　娘《むすめ》さんの気持ちに変化《へんか》があったのですね。

バック　私も、そう思っていました。

どうやら、学校生活にも無事復帰《ぶじふっき》できた様子《ようす》で、私も安心《あんしん》していたのです。そんな油断《ゆだん》もあったのでしょう。ある日、唱題《しょうだい》を早《はや》めに終《お》え、少し休《やす》もうとソファに横になったとたん、電話《でんわ》がかかってきました。

不安《ふあん》がよぎりました。おそるおそる受話器《じゅわき》をとると、案《あん》の定《じょう》、娘《むすめ》の担任《たんにん》の先生でした。

「お母さんですか。娘《むすめ》さんが、また十日間《とおかかん》ほど、学校に来ていませんが……」

ウソだ！　そんなはずはない！――動揺《どうよう》というより、腹立《はらだ》たしい気持ちがしました。

まるで、バラモン[*1]に供養《くよう》した眼《め》を、無惨《むざん》に踏《ふ》みつけられた舎利弗《しゃりほつ》[*2]のような心境《しんきょう》で……（笑い）。こんなに歯《は》がゆく、身《み》を切られるような思いをしたのは初《はじ》めてでした。

説話《せつわ》では、さすがの舎利弗《しゃりほつ》も、そこで菩薩行《ぼさつぎょう》をやめようとしたとありますが、私は、そういうわけにはいきません。

〝ここで私が投《な》げ出したら、娘《むすめ》はどうなるのか〟――私は御本尊《ごほんぞん》の前に座《すわ》り直《なお》し、必死《ひっし》に題目《だいもく》をあげ始《はじ》めました。

そうしたら、娘《むすめ》の苦《くる》しみが伝《つた》わってくるような気がして、涙《なみだ》があふれてきました。

池田　子どもを思う母親の愛情《あいじょう》ほど尊《とうと》く、深《ふか》いものはありません。

不登校《ふとうこう》も、最初《さいしょ》は、ただ何となくという気持ちから始《はじ》まったのかもしれない。それが一日、一日と経《た》つにつれて、だんだんと学校に行きづらくなり、元《もと》に戻《もど》れなくなってしまう場合《ばあい》がある。

子どもだって苦《くる》しんでいる。何とかしなければと思っている。

しかし、年頃《としごろ》の子どもというのは、それを真正面《ましょうめん》から言われると反発《はんぱつ》したくなる。素直《すなお》に自分の気持ちが伝《つた》えられないものなのです。

そこをくみ取ってあげながら、大きく包《つつ》みこんであげるのが、母親の愛情《あいじょう》です。

母親の心は、たとえ時間はかかっても、必《かなら》ず通《つう》じていくものです。最後まで、「子どもを信頼《しんらい》する心」を持《も》ち続《つづ》けることが大切《たいせつ》ではないでしょうか。

バック　本当《ほんとう》に、そうですね。

それからも、娘《むすめ》が学校に行かない日が続《つづ》きました。でも、私はあきらめませんでした。

ある日、会合《かいごう》から家に帰《かえ》ってみると、娘《むすめ》の部屋《へや》から、すすり泣《な》くような声が聞こえてきました。

そっと耳をそばだててみると、娘《むすめ》が電話《でんわ》で「私、卒業《そつぎょう》できなかったら、どうしよう」と涙声《なみだごえ》で話していたのです。どうやら、相手《あいて》は学校の友だちのようでした。

私たちには、「高校なんか卒業《そつぎょう》できなくてもいい」と強《つよ》がっていた娘《むすめ》ですが、それは本心《ほんしん》ではなかったのです。

後《あと》で、「あなたもつらかったのね……」と声をかけると、娘《むすめ》は黙《だま》っていましたが、久《ひさ》しぶりに心が通《かよ》い合《あ》った気がしました。

娘《むすめ》が本格的《ほんかくてき》に変わり始《はじ》めたのは、それからでした。

学校にも、自分から行くようになりました。

難《むずか》しいと言われていた卒業《そつぎょう》も、学校の先生方《がた》と自分で交渉《こうしょう》し、課題《かだい》を全部、提出《ていしゅつ》すれば、大丈夫《だいじょうぶ》ということになりました。

毎日のように、夜遅《よるおそ》くまで机《つくえ》に向かう娘《むすめ》の姿《すがた》を、〝大変《たいへん》だけど頑張《がんば》ろうね。きっと大丈夫《だいじょうぶ》だから〟と、祈《いの》るような思いで見つめたものでした。

そのかいあって、娘《むすめ》は無事《ぶじ》、卒業《そつぎょう》することができました。親娘《おやこ》ともに、最高《さいこう》にうれしい瞬間《しゅんかん》でした。

子どもには「飛《と》び立《た》つ力」が　それを引《ひ》き出《だ》すのが「教育」

池田　自分のことを、心底《しんそこ》、思ってくれている人がいる——それが、娘《むすめ》さんの心を開いたのだろうね。それが、新しい一歩《いっぽ》を踏《ふ》み出《だ》す「勇気《ゆうき》」になり、大きな「支《ささ》え」になったのでしょう。

その子が一番、何に苦《くる》しんでいるのか。まず、そこに目を向けてあげることです。そのうえで、確《たし》かな人生《じんせい》の方向性《ほうこうせい》を教えてあげることが大切《たいせつ》です。

飛行機《ひこうき》だって、方角《ほうがく》を見失《みうしな》ったままでは、目的地《もくてきち》に着《つ》くことはできない。いつまで経《た》っても、灰色《はいいろ》の雲《くも》の中で迷《まよ》い続《つづ》けることになる。それでは不幸《ふこう》です。

　子どもは、自分で飛《と》び立《た》つ力は持っている。それを引き出し、方向《ほうこう》づけてあげるのが、「親の愛情《あいじょう》」であり、「教育」と言えるのではないでしょうか。

　今の子どもたちは、エネルギーのやり場《ば》がない所に追いやられていることが多い。それでは、あまりにも子どもがかわいそうです。

　それが高《こう》じると、子どもたちを、暴力《ぼうりょく》や犯罪《はんざい》へと走《はし》らせてしまう原因《げんいん》にもなりかねません。

フィーゼル　同感《どうかん》です。

学校を無断欠席《むだんけっせき》する子どもの割合《わりあい》は、全米平均《ぜんべいへいきん》で一割《いちわり》になると言われています。あまりにも数が多いので、不登校《ふとうこう》の子どもを抱《かか》える親に対して、厳《きび》しい責任《せきにん》を求《もと》める動きも出ています。

アメリカでは、州《しゅう》ごとに「義務《ぎむ》教育法」が定《さだ》められているのですが、ミシガン州では「最高《さいこう》九十日の禁固刑《きんこけい》＊3」という罰則《ばっそく》まであるのです。

池田　親に「禁固刑《きんこけい》」ですか……。かなりの厳罰《げんばつ》ですね。

フィーゼル　ええ。半数以上《はんすういじょう》の州《しゅう》が「禁固刑《きんこけい》」を定《さだ》めています。最《もっと》も厳《きび》しいのはミシシッピ州の「禁固一年」です。

百年も前につくられた法律《ほうりつ》がほとんどで、罰則《ばっそく》も、もともとは、親が子どもを学校に行かせないで働《はたら》かせるのを防《ふせ》ぐためのものだったようです。ですから最近《さいきん》まで、罰金《ばっきん》をとられることはあっても、禁固刑《きんこけい》までは適用《てきよう》されませんでした。

しかし、あまりに「不登校《ふとうこう》」が深刻《しんこく》になってきたので、やむをえず〝伝家《でんか》の宝《ほう》刀《とう》〟を抜《ぬ》くという状況《じょうきょう》になってきたようです。

バック　でも、そんな解決《かいけつ》方法では、子どもも不幸《ふこう》なままでしょうし、親も不幸だと思います。

「非暴力《ひぼうりょく》」の社会を目指《めざ》し　アメリカ青年部《せいねんぶ》が対話運動《たいわうんどう》

フィーゼル　不登校《ふとうこう》の問題に加《くわ》えて、アメリカでは「暴力《ぼうりょく》や犯罪《はんざい》の低年齢化《ていねんれいか》」が、深刻《しんこく》な問題です。社会の暴力的な空気が、子どもたちの間《あいだ》にも広がっているのです。

私たちアメリカ青年部《せいねんぶ》は、こうした流れを変えようと立ち上がりました。一九九九年から、「非暴力《ひぼうりょく》」の社会を目指《めざ》し、対話運動《たいわうんどう》を進《すす》めています。

署名活動《しょめいかつどう》をはじめ、ガンジー＊4やキング博士《はくし》＊5の非暴力運動《ひぼうりょくうんどう》の歴史《れきし》を収《おさ》めたビデオの上映《じょうえい》や、セミナーなども行《おこ》なっています。また九九年の秋には、「非暴力」

をテーマに、大文化祭《だいぶんかさい》を開催《かいさい》しました。

「希望《きぼう》がありました。誓《ちか》いがありました。私が六十年の人生《じんせい》を過《す》ごしてきた二十世紀《せいき》は暗闇《くらやみ》でした。しかし、ＳＧＩの青年《せいねん》たちが、それを過去《かこ》に葬《ほうむ》り、私に新しい千年の光明《こうみょう》をくれました」（南カリフォルニア宗教学会《しゅうきょうがっかい》のフォスター会長）などの声も寄《よ》せられています。

バック　私たち婦人部《ふじんぶ》も、この取《と》り組《く》みを応援《おうえん》しています。

以前《いぜん》、ミシガン州で、六歳の男の子が、学校で同級生《どうきゅうせい》の女の子を射殺《しゃさつ》するという痛《いた》ましい事件《じけん》が起こりました。

アメリカはもちろん、世界中《じゅう》に、このニュースは伝《つた》わったと思います。銃《じゅう》による事件《じけん》が、ここまで低年齢化《ていねんれいか》したかと、子を持つ親ならずとも、胸《むね》を痛《いた》める人は多いです。

私の子どもが通《かよ》っていた高校では、銃《じゅう》やナイフの持《も》ち込《こ》みを防《ふせ》ぐために、空港《くうこう》などで見かける「金属探知機《きんぞくたんちき》」が備《そな》えつけられていました。

「ハイスクール・ポリス」と呼《よ》ばれる警官《けいかん》が、常駐《じょうちゅう》する学校もふえています。なかには、犯罪《はんざい》から守《まも》るために、周囲《しゅうい》をフェンスで囲《かこ》った学校もあります。

それだけに、青年部《せいねんぶ》の運動への期待《きたい》が高まっているのです。

池田　ミシガン州での事件《じけん》は、日本でも大きく報《ほう》じられました。日本の学校でも、ナイフによる傷害《しょうがい》事件などが起きています。

夢《ゆめ》を育《はぐく》み、希望《きぼう》を育てる場《ば》である学校で、子どもたちが傷《きず》つけられてしまうことは、あまりにも悲惨《ひさん》です。

自分の子どもを、どう暴力《ぼうりょく》から守《まも》るかという問題は深刻《しんこく》でしょう。しかし、さらにそこから一歩《いっぽ》進んで、「社会全体《ぜんたい》を変えていかねばならない」と声をあげることが大切《たいせつ》だと思います。

その意味で、アメリカ青年部《せいねんぶ》の運動は、非常《ひじょう》に大きな使命《しめい》をもっていると思います。

子どもたちを〝暴力《ぼうりょく》の泥沼《どろぬま》〟から救《すく》い出し、心から安心《あんしん》できる環境《かんきょう》をつくってあげるのは、大人《おとな》の責任《せきにん》なのです。

フィーゼル　実際《じっさい》、私たちが運動を始《はじ》めて、喜《よろこ》んでいるのは、未来部《みらいぶ》のメンバーたちです。中学生や高校生が、積極的《せっきょくてき》に参加《さんか》しています。

彼《かれ》らは、私たちが想像《そうぞう》する以上《いじょう》に、暴力《ぼうりょく》に苦《くる》しんでいます。学校での暴力に、嫌《いや》な思いをしながら、悩《なや》んでいた。だから、この運動に勇気《ゆうき》づけられたのでしょう。

私も、中学時代に学校で暴力《ぼうりょく》をふるわれたことがあり、気持ちは分《わ》かります。

「新しい世界《せかい》」を見せてくれたオチョーワ先生

バック　フィーゼルさんにも、そんな時期《じき》があったんですか……。
フィーゼル　ええ。私の通《かよ》っていた中学は、荒《あ》れていました。そんな空気に影響《えいきょう》され、私も不良《ふりょう》がかっていました。

ある時、友だちと四人で廊下《ろうか》を歩《ある》いていたら、二十人ぐらいの不良《ふりょう》グループに取《と》り囲《かこ》まれました。

私たちをロッカールームに追《お》い詰《つ》め、ベルトなどを片手《かたて》に襲《おそ》いかかってきました。さいわい、必死《ひっし》に逃《に》げ、たいしたケガもせずに済《す》みました。

それで私も、〝何とか、こんな生活から抜《ぬ》け出《だ》さなければ〟と、思い悩《なや》みました。

そんな私に、立《た》ち直《なお》るきっかけを与《あた》えてくれた人がいました。学校でカウンセラーをしていた、オチョーワ先生という女性《じょせい》の先生です。

アメリカでは、「スクール・カウンセラー」といって、青少年《せいしょうねん》の心理《しんり》に詳《くわ》しい専門《せんもん》の人がいて、生徒《せいと》が悩《なや》みを相談《そうだん》できるようになっているのです。

先生はある日、私に、地元《じもと》の高校の卒業式《そつぎょうしき》に行ってみないか、と声をかけてくれました。

私が住んでいた地域《ちいき》では、高校の卒業式《そつぎょうしき》に、中学生の代表《だいひょう》も参加《さんか》できる習《なら》わしがあったのです。

池田　スクール・カウンセラーの必要性《ひつようせい》は、日本でも指摘《してき》され、一部《いちぶ》で実行《じっこう》に移《うつ》されています。

それと、卒業式《そつぎょうしき》への参加《さんか》というのは興味深《きょうみぶか》い制度《せいど》ですね。日本では、学校の見学会《けんがくかい》というのはあっても、卒業式《そつぎょうしき》に参加できるというのは、一貫《いっかん》教育の学校を除《のぞ》けば、ほとんどないでしょうから。

創価大学の行事《ぎょうじ》では、できるだけ創価学園《がくえん》の生徒《せいと》も参加《さんか》できるようにしていますが、そうした経験《けいけん》は、将来《しょうらい》を考えるうえで、大変《たいへん》に役立《やくだ》つでしょう。

フィーゼル　そう思います。オチョーワ先生は、私に「新しい世界」を見せようと、心を配《くば》ってくださったのです。

私は最初《さいしょ》、参加《さんか》メンバーに入《はい》っていませんでした。しかし、オチョーワ先生の考えで、連《つ》れていってもらえることになりました。

卒業式《そつぎょうしき》では、最優秀《さいゆうしゅう》の成績《せいせき》を修《おさ》めた生徒《せいと》に、さまざまな賞《しょう》や奨学金《しょうがくきん》が授与《じゅよ》されるセレモニーがありました。そこで、何度《なんど》も何度も、名前を呼《よ》ばれている一人《ひとり》の男子生徒《だんしせいと》がいました。

「すごいな、よっぽど優秀《ゆうしゅう》なんだな」と思いながら眺《なが》めていました。壇上《だんじょう》を誇《ほこ》らしげに歩《あゆ》む、彼《かれ》の姿《すがた》を目で追《お》っていると、司会者《しかいしゃ》がこう紹介《しょうかい》しました。

「彼《かれ》は、ハーバード大学に進《すす》みます！」

一瞬《いっしゅん》、耳を疑《うたが》いました。私が住んでいた地域《ちいき》は、どちらかといえば貧《まず》しい家《か》庭《てい》の生徒《せいと》が多く、学校のレベルも、それほど高くはなかったからです。

この町から、ハーバード大学のような一流《いちりゅう》大学に進《すす》む人が出るとは！——私は感動《かんどう》よりも、驚《おどろ》きの気持ちで見つめていました。

バック　それは、フィーゼルさんにとって、〝大事件《だいじけん》〟だったわね。

フィーゼル　ええ。オチョーワ先生は、そんな私を横目《よこめ》で見ながら、うれしそうに微笑《ほほえ》んでいました。

卒業式《そつぎょうしき》が終《お》わっての帰《かえ》り道でも、壇上《だんじょう》に立つ、あの生徒《せいと》の姿《すがた》が、何度《なんど》も浮《う》かんできました。

私は顔《かお》を上げ、卒業式《そつぎょうしき》に参加《さんか》させてくれたお礼《れい》を言おうとしました。その瞬《しゅん》間《かん》でした。先生は歩調《ほちょう》を急《きゅう》にゆるめて、私のほうに向《む》き直《なお》りました。

「次は、あなたの番よ」

「頑張《がんば》りなさい。あなたにも、きっとできるわ」

池田　なるほど、やはり、言うべき時の「一言《ひとこと》」が大事《だいじ》だね。「一言」が人生《じんせい》を変えることさえある。

このことが、エール大学への進学《しんがく》につながったのですね。

フィーゼル　そうなんです。予想《よそう》もしなかった先生の言葉《ことば》に、胸《むね》がいっぱいになりました。

にわかには信《しん》じられませんでした。でも、先生のその期待《きたい》がとてもうれしかったのです。

夕暮《ゆうぐ》れが迫《せま》り、あたりは少《すこ》し薄暗《うすぐら》くなっていましたが、その時の先生の優《やさ》しい笑顔《えがお》は、胸《むね》に強く焼《や》きついています。

〝よし、先生の言うとおり、挑戦《ちょうせん》してみよう〟と、思いました。希望《きぼう》が湧《わ》いてきました。

オチョーワ先生は、私に、大きな大きな「夢《ゆめ》」を与《あた》えてくれました。私は、自分の未来《みらい》に、初《はじ》めて「希望《きぼう》」を持てたのです。

生活は一変《いっぺん》しました。勉強に励《はげ》みました。

励《はげ》ましに応《こた》えて卒業式《そつぎょうしき》で「夢《ゆめ》」を実現《じつげん》

池田　すばらしい先生だね。

心が揺《ゆ》れ動《うご》く青春《せいしゅん》時代に、進《すす》む道を示《しめ》してくれる存在《そんざい》が、どれほどありがたいものか――。

真心《まごころ》の一言《ひとこと》には、人生《じんせい》を大きく開《ひら》く力がある。次元《じげん》は異《こと》なるが、私たち創価学会も、この「励《はげ》ましの世界」を、地道《じみち》に一歩《いっぽ》一歩、広げてきました。

お金でもない。権力《けんりょく》でもない。ただ相手《あいて》を思う真心《まごころ》で、人々《ひとびと》を救《すく》っていく。人間として、この最高《さいこう》に尊《とうと》い生き方を教えているのが仏法《ぶっぽう》です。

本当《ほんとう》に人間の心を動かすのは、「真心《まごころ》」「誠実《せいじつ》」だけです。目には見えなくても、相手《あいて》に必《かなら》ず「何か」が残《のこ》る。それが時とともに、大きな花を咲《さ》かせるのです。

フィーゼル　私も、オチョーワ先生に出会《であ》わなければ、どんな人生《じんせい》を歩《あゆ》んでいたか……。

実《じつ》は高校時代でも、先生は私の心の支《ささ》えでした。よほどオチョーワ先生とは、深《ふか》い縁《えん》があったのでしょう。私が高校へ進学《しんがく》すると、先生も同じ学校の勤務《きんむ》になったのです。

前《まえ》にお話ししたように、高校時代は、父の病気《びょうき》や家庭《かてい》の経済苦《けいざいく》など、いろいろと苦《くる》しい時期《じき》が続《つづ》きました。「もう、だめだ」と何度《なんど》、思ったか知れません。

そんな時、いつも足を向《む》けたのが、オチョーワ先生の所でした。

ある時、どうしようもなく気持ちがふさぎこんでしまい、先生のもとに駆《か》け込《こ》み、涙《なみだ》ながらに相談《そうだん》したこともありました。

私の話にじっと耳を傾《かたむ》けてくれた先生は、「あなたには、大事《だいじ》な夢《ゆめ》があるじゃない。絶対《ぜったい》に、あきらめてはダメよ！」と、ニッコリされました。

そうだ！ 僕《ぼく》には夢《ゆめ》がある！——目の前が、ぱっと明るくなった気がしました。見失《みうしな》いかけていた、あの日の決意《けつい》が胸《むね》に甦《よみがえ》ってきたのです。

バック すてきな話ね。挫《くじ》けそうになる気持ちを、オチョーワ先生は、いつも支《ささ》えてくれたのね。

フィーゼル ええ。今、振《ふ》り返《かえ》ると、オチョーワ先生の励《はげ》ましは、私たちＳＧＩが社会で果《は》たしている役割《やくわり》にも通《つう》じるものがあると思います。

ただ単《たん》に「夢《ゆめ》」を与《あた》えてくれるだけではなく、厳《きび》しい環境《かんきょう》に負《ま》け、「夢」を手《て》放《ばな》すことがないよう、「勇気《ゆうき》」を与《あた》えてくれたのです。

オチョーワ先生は、ずっと見守《みまも》ってくださった。もう、私は負《ま》けませんでした。ただ、夢《ゆめ》を実現《じつげん》し、オチョーワ先生の期待《きたい》に何とか応《こた》えたいと、必死《ひっし》に勉強を続《つづ》けました。

そして迎《むか》えた、卒業式《そつぎょうしき》の日——。

「あの時の卒業生《そつぎょうせい》も、きっとこんな気持ちだったのかな」と、ぼんやり思っていると、突然《とつぜん》、私の名前が呼《よ》ばれました。

奨学金《しょうがくきん》を授与《じゅよ》されるメンバーが、発表《はっぴょう》されたのです。私は何度《なんど》も名前を呼《よ》ばれ、証書《しょうしょ》を壇上《だんじょう》で受けました。私は、言いようのない満足《まんぞく》を覚《おぼ》えていました。

事前《じぜん》の連絡《れんらく》を受けてなかったので驚《おどろ》きましたが、私以上《いじょう》に驚いていたのは母親でした。

実《じつ》は、この卒業式《そつぎょうしき》には、母も出席《しゅっせき》していました。母はそれまで、家計《かけい》を支《ささ》えるため、いつも働《はたら》きに出ていたので、授業参観《じゅぎょうさんかん》などの学校行事《ぎょうじ》に、一度も出席することはできませんでした。

それが卒業式《そつぎょうしき》が近づいた数日前《すうじつまえ》に、学校から急《きゅう》に、「その日は絶対《ぜったい》に空《あ》けておいてください。お伝《つた》えしたいことがありますから」と連絡《れんらく》が入《はい》ったものですから、母は〝何か問題でも起こしたのでは〟と不安《ふあん》を感じていたようです。

バック　よく、分《わ》かるわ。その気持ち……。

母親というのは、よい時でも、悪《わる》い時でも、いつも心配《しんぱい》するものだから。

フィーゼル　そうですね。それで母は何とか仕事《しごと》を調整《ちょうせい》して、卒業式《そつぎょうしき》に出席してみると、息子《むすこ》の名前が何度《なんど》も呼《よ》ばれ、壇上《だんじょう》に立っている……。うれしいやら、ほっとするやらで、母も少《すこ》し混乱《こんらん》したようでした（笑い）。後《あと》で聞くと、母が卒業式《そつぎょうしき》に参加《さんか》できるように手配《てはい》してくれたのも、オチョーワ先生のようでした。

私も壇上《だんじょう》で、感慨《かんがい》にふけっていると、司会者《しかいしゃ》が私のほうを指《ゆび》さして、会場《かいじょう》の参加者《さんかしゃ》に、こう呼《よ》びかけたのです。

「彼《かれ》は、今度《こんど》、エール大学に進学《しんがく》することになりました！」

三年前に見たあの光景《こうけい》――その舞台《ぶたい》に、今度《こんど》は、自分が立つことができたのです。

オチョーワ先生が私の心にともし、ともに育《はぐく》んできた「夢《ゆめ》」が実現《じつげん》した瞬間《しゅんかん》でした。

子どもたちの成長《せいちょう》・活躍《かつやく》こそ教育者の勝利《しょうり》

池田　夢《ゆめ》がある人は、強い。夢がある人は、道に迷《まよ》わない。

夢《ゆめ》は、暗闇《くらやみ》の中でも、輝《かがや》きを失《うしな》わない「灯火《ともしび》」となって、心を常《つね》に、前へ、前へと向けてくれるからです。

アメリカの思想家《しそうか》エマソンが[*6]、こんな逸話《いつわ》を紹介《しょうかい》しています。

ある時、「あなたは、どうしてこれだけの発見《はっけん》ができたのですか」と聞かれたことがあった。

「万有引力《ばんゆういんりょく》の法則《ほうそく》」などの発見《はっけん》で、近代科学《きんだいかがく》の礎《いしずえ》を築《きず》いたニュートン[*7]が、あ

ニュートンの答えは、あまりにも簡明《かんめい》なものでした。「それは、私の心を、常《つね》にそこに向けていたからです」――と。

人間、ひとたび心を定《さだ》めれば、思いもよらなかったような力が湧《わ》き、「新しい世界」への扉《とびら》を開《ひら》いていけるものです。

大切《たいせつ》なのは、確《たし》かな軌道《きどう》へと導《みちび》いてあげることです。それが教育の第一歩《だいいっぽ》です。

オチョーワ先生の励《はげ》ましが、今のフィーゼルさんをつくった。そのこと自体《じたい》が、教育者としての勝利《しょうり》であり、栄冠《えいかん》なのです。

生徒《せいと》の心をくみとり、具体的《ぐたいてき》な目標《もくひょう》がもてるよう、励《はげ》ましていく。それが、子どもたちの力をどれだけ引き出すことになるか、計《はか》り知《し》れません。

バック　それは、牧口先生が掲《かか》げられていた、「創価教育」の精神《せいしん》でもありますね。

池田　そのとおりです。

牧口先生は多くの小学校で校長《こうちょう》を務《つと》められたが、一時期《いちじき》、東京の貧《まず》しい人々《ひとびと》が住む地域《ちいき》に勤務《きんむ》されていたことがあった。

牧口先生は、経済苦《けいざいく》で学校に満足《まんぞく》に通《かよ》うことができない児童《じどう》のために、そっと食事などの手配《てはい》をしてあげたりしました。

そして、時間をつくりだしては、児童《じどう》の家庭《かてい》を一軒《いっけん》、また一軒と訪問《ほうもん》し、子どもたちを粘《ねば》り強《づよ》く励《はげ》ましていったのです。

最悪《さいあく》の状況《じょうきょう》の中でも、子どもたちの幸福《こうふく》を願《ねが》い、最善《さいぜん》を尽《つ》くす――私は当時《とうじ》の牧口先生の様子《ようす》を、よく戸田先生から聞きました。

戸田先生は、牧口先生の後《あと》を追《お》うように、あえて厳《きび》しい状況《じょうきょう》の学校へと転任《てんにん》を願《ねが》われ、牧口先生の仕事を手伝《てつだ》っていたのです。

二人《ふたり》の懸命《けんめい》な努力《どりょく》が実《みの》って、小学校の雰囲気《ふんいき》も、みるみるうちに変わっていきました。

牧口先生は、そうした自《みずか》らの実践《じっせん》を通《つう》じて、創価教育学の理論《りろん》を鍛《きた》え上《あ》げていったのです。

先生は、研究者《けんきゅうしゃ》として身《み》を立てていくだけの力があったにもかかわらず、小学校という〝教育の最前線《さいぜんせん》〟から離《はな》れようとはしなかった。そこが、先生の偉大《いだい》なところです。

「一千万の児童《じどう》や生徒《せいと》が修羅《しゅら》の巷《ちまた》に喘《あえ》いで居《い》る現代《げんだい》の悩《なや》みを、次代《じだい》に持越《もちこ》させたくない」――牧口先生が『創価教育学体系《たいけい》』の緒言《しょげん》で綴《つづ》られた、この言葉《ことば》こそ、真《しん》の教育者の魂《たましい》と言えるものではないだろうか。

フィーゼル　本当《ほんとう》に、そう思います。

大学などの高等《こうとう》教育の分野《ぶんや》では、アメリカは世界一の水準《すいじゅん》を誇《ほこ》っていますが、それに比《くら》べ、小学校や中学校の教育には、まだまだ取《と》り組《く》むべき課題《かだい》が多く残《のこ》されています。

それだけに、牧口先生が初等《しょとう》教育の充実《じゅうじつ》のために戦《たたか》われ、先駆《せんく》の道を開《ひら》かれたことの意義《いぎ》は、実《じつ》に大きいと思います。

師《し》との誓《ちか》いを果《は》たし創価大学を設立《せつりつ》

池田　アメリカでも、英語版《えいごばん》の『創価教育学体系《たいけい》』が高い関心《かんしん》を呼《よ》んでいるそうですが、それも、「子どもたちの幸福《こうふく》」をすべての出発点《しゅっぱってん》にしている牧口先生の教育思想《しそう》に、問題解決《かいけつ》の糸口《いとぐち》を見いだそうとしているからだと思います。

未来《みらい》の宝《たから》である子どもたちに、どう「夢《ゆめ》」を与《あた》え、「希望《きぼう》」の光をともしていくか。

「夢《ゆめ》」とは、単《たん》に目の前を明るくするだけのものではありません。生きる糧《かて》となり、人生《じんせい》の道標《みちしるべ》になるものと言ってよいでしょう。

この前（二〇〇〇年二月）、関西創価学園《かんさいそうかがくえん》の卒業《そつぎょう》を控《ひか》えた生徒《せいと》たちと記念撮影《きねんさつえい》をしました。その時、学園生《がくえんせい》と懇談《こんだん》し、それはまあ、たくさんの質問《しつもん》を受けました（笑い）。

その中で一人《ひとり》の女子生徒《じょしせいと》から、「池田先生の夢《ゆめ》は何ですか」と、真剣《しんけん》なまなざしで聞かれました。

私は、答えました。「それは、戸田先生の夢《ゆめ》を、すべて実現《じつげん》することです」「さらにまた、皆《みな》さんが将来《しょうらい》、名実《めいじつ》ともに立派《りっぱ》な博士《はくし》となり、指導者《しどうしゃ》になってもらいたい。それが、私の最大《さいだい》の夢《ゆめ》である」と。

私の人生《じんせい》の原動力《げんどうりょく》は、師匠《ししょう》の「夢《ゆめ》」であり、師弟《してい》の「誓《ちか》い」でした。

私が、戸田先生の薫陶《くんとう》を受けられたのは、十年間《かん》です。それが、一生《いっしょう》を決めました。折々《おりおり》の先生の指導《しどう》は、すべて胸《むね》に刻《きざ》んできました。

師《し》の一言《ひとこと》を無限《むげん》に広げ、実現《じつげん》していくことが、私の人生《じんせい》の使命《しめい》であると決めています。それ以外《いがい》に何もありません。

バック　崇高《すうこう》な精神《せいしん》に、胸《むね》が打《う》たれます。

池田　創価大学も、ある時、戸田先生が語《かた》られた一言《ひとこと》が淵源《えんげん》なのです。「大作《だいさく》、創価大学をつくろうな。私の健在《けんざい》のうちにできればいいが、だめかもしれない。その時は大作、頼《たの》むよ。世界第一の大学にしようではないか」

戸田先生の思いは、不二《ふに》の師《し》・牧口先生の思いでもありました。牧口先生は常々《つねづね》、「戸田君が、必《かなら》ず創価大学をつくってくれる」と語《かた》っておられた。

ですから私は、その夢《ゆめ》の実現《じつげん》のために奔走《ほんそう》を続《つづ》けました。そして、戸田先生の思いをくむ形《かたち》で、牧口先生の生誕《せいたん》百周年《しゅうねん》にあたる一九七一年に、創価大学を設《せっ》立《りつ》し、開学式《かいがくしき》を戸田先生の命日《めいにち》に当たる「四月二日」に行《おこ》なったのです。

戸田先生の生誕《せいたん》百周年《しゅうねん》を迎《むか》えた、今年（二〇〇〇年）の元旦《がんたん》には、私は、真《ま》っ先《さき》に大学の本部棟《ほんぶとう》に赴《おもむ》き、二十一世紀《せいき》の未来《みらい》に思いをはせながら、「教育」にさらなる力を注《そそ》ぐことを誓《ちか》いました。

いよいよアメリカ創価大学のオレンジ郡《ぐん》キャンパスも開学《かいがく》します。

なごやかに行なわれた父と子の〝家族〟のような関西創価学園生との質問会（2000年 2月、神戸市内）（写真上）

学園生の質問に答え、「自分らしい夢を！」と呼びかける池田SGI会長（写真左）

そこから、世界平和のために、民衆《みんしゅう》の幸福《こうふく》のために戦《たたか》い抜《ぬ》く、本物《ほんもの》の闘士《とうし》を輩出《はいしゅつ》していきたい——。

そのために、私は働《はたら》き続《つづ》けます。

それが、牧口先生の願《ねが》いであり、戸田先生との誓《ちか》いを果《は》たすことだからです。

《注》

＊1　バラモン

インドの階級制度（カースト制度）の最上位で、根本教典の「ヴェーダ」に精通《せいつう》し、宗教の祭事《さいじ》を独占的に司《つかさど》る階級（の者）をいう。

＊2　舎利弗

釈迦《しゃか》の十大弟子の一人。過去世に菩薩《ぼさつ》の修行をしていた時、バラモンに眼を乞《こ》われ、一眼を取り出して与えたところ、臭《くさ》いと言って地に捨てられ、踏みつぶされた。これを見た舎利弗は、このような者は救いがたいと思い、菩薩行をやめたという。

＊3　禁固刑

身体の自由を制限する刑罰《けいばつ》の一つで、刑務所に身柄《みがら》を留《とど》め、労働をさせない刑をいう。刑務所に拘置《こうち》し、一定の労働をさせる刑が懲役《ちょうえき》。

＊4　ガンジー

一八六九〜一九四八。インドの思想家・政治家。マハトマ（偉大なる魂）の名で知られる。イギリスで弁護士資格取得後、南アフリカで人種差別を経験し、インド人の人権擁護《ようご》運動に従事《じゅうじ》。帰国後、非暴力・不服従《ふふくじゅう》運動などを通じて、インドの独立運動を指導した。

＊5　キング

一九二九〜六八。アメリカ公民権《こうみんけん》運動の指導者。ガンジーの哲学に大きな影響を受け、人種差別撤廃《てっぱい》のための非暴力運動を推進《すいしん》。黒人が公民として政治に参加する権利（公民権）の拡大を訴《うった》え、六四年ノーベル平和賞を受賞。ベトナム反戦運動にもかかわるが、六八年暗殺された。アメリカでは彼の誕生日を記念し、一月の第三月曜日を休日としている。

＊6　エマソン

一八〇三～八二。アメリカの詩人・思想家。大学卒業後、牧師となるが、教会の役割に疑問を感じ辞任《じにん》。ヨーロッパ旅行後、思索《しさく》と講演・著述《ちょじゅつ》活動を精力的に展開し、奴隷制《どれいせい》反対運動にも尽力《じんりょく》。「コンコードの哲人」と呼ばれ、その思想は米国内外に大きな影響を与えた。

＊7　ニュートン

一六四二～一七二七。イギリスの数学者・物理学者・天文学者。微積分法《びせきぶんほう》、運動の三法則、万有引力の発見、反射望遠鏡の発明などで、科学の発展に大きな進歩をもたらす。晩年は、造幣局《ぞうへいきょく》長官、王立協会会長などを歴任《れきにん》した。著書に『自然哲学の数学的原理』『光学』などがある。

第3章

子どもに愛《あい》情《じょう》と信《しん》頼《らい》を

アメリカ③

〝のびのびしていいんだよ〟
——魯迅《ろじん》にみる父親の慈愛《じあい》

池田　先日《せんじつ》（二〇〇〇年四月）、中国の文豪《ぶんごう》・魯迅《ろじん》*1の子息《しそく》である周海嬰《しゅうかいえい》氏（北京魯《ペキンろ》迅博物館顧問《じんはくぶつかんこもん》）とお会《あ》いしました。

氏《し》は講演《こうえん》で、質問に答えて、父・魯迅《ろじん》の思い出を語《かた》ってくださいました。

氏《し》が小学生の頃《ころ》、試験《しけん》の成績《せいせき》が学校で一番になり、その点数《てんすう》を、父の魯迅《ろじん》に見せました。

常日頃《つねひごろ》、魯迅《ろじん》は、子どもがゆったりとした雰囲気《ふんいき》で勉強できるように、心を配《くば》っていた。その時も、「一番を続《つづ》けるように」とは言わなかったそうです。

つまり、息子《むすこ》がよい成績《せいせき》を維持《いじ》しようとして、それが重荷《おもに》になることを心配《しんぱい》したのです。

もっと、子どもは〝のびのびしていいんだよ〟という父親の慈愛《じあい》です。

北京魯迅《ろじん》博物館の周海嬰《しゅうかいえい》顧問、馬新雲《ましんうん》夫人と、家庭教育や日中友好への思いについて語り合う（2000年４月、東京・八王子市で）

バック（アメリカSGI婦人部長）　すばらしいお話ですね。

フィーゼル（アメリカSGI総合青年部長）　ただ勉強ができるというより、「人間として」まっすぐに成長《せいちょう》することを願《ねが》った。さすが、中国の〝民族《みんぞく》の魂《たましい》〟と言われる魯迅《ろじん》ですね。

そういった、親子の何とも言えない温《あたた》かなかかわりが、現代《げんだい》は失《うしな》われつつあります。

たとえば、大切《たいせつ》な家族《かぞく》の団欒《だんらん》であった食事《しょくじ》の光景《こうけい》も変わってきています。子どもが独《ひと》りぼっちで食事をするケースがふえています。

池田　今、日本でも、「孤食《こしょく》」という言葉《ことば》が話題《わだい》になっています。

子どもが、家族《かぞく》で楽しく話をしながらではなく、一人《ひとり》でテレビを見ながら、黙々《もくもく》と食事《しょくじ》をする姿《すがた》を指《さ》しています。

バック　「テレビを見ながら食事《しょくじ》をする」という家庭《かてい》は、アメリカでも多いですね。フィーゼルさんくらいの世代《せだい》から、とくに多いのではないでしょうか。

そうして育った人たちの中には、「テレビを見ながらではないと、落《お》ち着《つ》いて食事《しょくじ》できない」という人もいます（笑い）。

ただ、とくに働《はたら》いている母親にとっては、食事《しょくじ》のひとときというのは貴重《きちょう》なコミュニケーションの場《ば》ですから、子どもといっしょに過《す》ごすことが望《のぞ》ましいと思います。

忙《いそが》しい時は、たとえばファーストフードのドライブスルーに、子どもといっしょに行くのでもよいと思うのです。

池田 どんなに忙《いそが》しくても、「工夫《くふう》」して、心を尽《つ》くしていくことが大事《だいじ》だね。

バック 家族《かぞく》の交流《こうりゅう》という点では、わが家《や》は毎年夏《まいねんなつ》、私が子ども時代を過《す》ごしたラホーヤという町で過ごしています。カリフォルニア州にあり、サンディエゴから高速道路《こうそくどうろ》で十五分くらいにある有名《ゆうめい》なリゾート地です。

池田先生と初《はじ》めてお会《あ》いしたのも、このラホーヤでしたので、特別《とくべつ》な思いがあります。私の人生《じんせい》の中で、重要《じゅうよう》な思い出がいくつも刻《きざ》まれている地です。

池田　帰《かえ》るべき故郷《ふるさと》を持つ人は幸《しあわ》せです。その意味では、家族《かぞく》というのは、すべての人にとっての「心の故郷《ふるさと》」と言えるでしょう。

幸福《こうふく》な家庭の建設《けんせつ》を求《もと》め 仏法に出《で》あう

バック　私がＳＧＩに入会《にゅうかい》したのは、「幸福《こうふく》な家庭《かてい》の建設《けんせつ》」を願《ねが》ってのことでした。

もともと私は、仏法《ぶっぽう》には興味《きょうみ》がありませんでした。時々《ときどき》、服《ふく》を買いに行く店の人がＳＧＩのメンバーで、仏法の話をしてくれましたが、あまり真剣《しんけん》には聞いていなかったのです。

ところがある時、私の友人《ゆうじん》で、仏教《ぶっきょう》に興味《きょうみ》があるという人がいたので、その友人に付《つ》き添《そ》って、ＳＧＩの会合《かいごう》に行ってみたんです。夫《おっと》もいっしょでした。仏教《ぶっきょう》といえばオリエンタル（東洋的《とうようてき》）で、神秘的《しんぴてき》な雰囲気《ふんいき》を想像《そうぞう》していた私ですが、ＳＧＩの会合《かいごう》は、ずいぶん違《ちが》いました。

何よりメンバーの表情《ひょうじょう》が、とても生き生きしていたのです。

会合《かいごう》では、皆《みな》が信仰《しんこう》で得《え》た喜《よろこ》びを口々《くちぐち》に語《かた》っていました。なかには、「探《さが》していたネコが見つかりました！」という人もいましたが（笑い）。

会合《かいごう》も終わりに近づき、司会《しかい》の方《かた》が、「入《にゅう》会希望者《かいきぼうしゃ》はいますか？」と聞きました。

すると私は、「ハイ」と手を挙《あ》げていたのです。

フィーゼル　友人《ゆうじん》やご主人《しゅじん》も、びっくりした

のではないですか？

バック　そうですね（笑い）。

でも、何より私は、メンバーの明るく、幸《しあわ》せそうな様子《ようす》に心を打《う》たれたのです。

「この信仰《しんこう》で、生き方を変えられるかもしれない。やるだけやってみよう」と。

というのも、当時《とうじ》の私は、どこかで生活にむなしさを感じていたからです。幸《しあわ》せと呼《よ》ぶには、ほど遠い環境《かんきょう》に育ち、一度目の結婚《けっこん》に失敗《しっぱい》。二人の子どもを連《つ》れて今の夫《おっと》と再婚《さいこん》し、経済的《けいざいてき》には、安定《あんてい》した生活にはなりました。

しかし、何かが足《た》りない、心は幸せではなかった。子どもには、自分の子ども時代と同じ思いはさせたくない。

和楽《わらく》の家庭《かてい》を築《きず》きたいと願《ねが》っていた私にとって、ＳＧＩメンバーの生き方と哲《てつ》学《がく》が、とても魅力的《みりょくてき》に見えたのです。

あの時の選択《せんたく》が間違《まちが》っていなかったことを、今、しみじみと実感《じっかん》しています。

池田　そうだったのですか。

何が縁《えん》となるかは分《わ》からない。バックさんが、和楽《わらく》の家庭《かてい》を切実《せつじつ》に求《もと》めていたから、そういう出会《であ》いが生まれたのかもしれませんね。

「自分の幸《しあわ》せ」だけを追《お》い求《もと》めても、決《けっ》して本当《ほんとう》の幸せを手に入れることはできません。

フィーゼル　アメリカでは最近《さいきん》、伝統的《でんとうてき》な「家族像《かぞくぞう》」が崩《くず》れ、「家族のあり方」が変わってきていると思います。

また、さまざまな事情《じじょう》から、片親《かたおや》の家庭《かてい》が増加《ぞうか》しています。離婚《りこん》や、未婚《みこん》の出産《しゅっさん》などのケースも多く、とくにシングル・マザーの家庭が目立《めだ》つようになりました。

バック　「共働《ともばたら》き」の家庭《かてい》もふえています。

女性《じょせい》が高い教育を受け、社会で活躍《かつやく》するようになったとか、さらに「豊《ゆた》かな生活」を望《のぞ》むようになったとか、いろんな理由《りゆう》がありますが、そのために、親が子どもと過《す》ごす時間が減《へ》ってきていると言われています。

たとえば、仕事から帰《かえ》ってきた両親《りょうしん》は、とても疲《つか》れていて、あまりエネルギーが残《のこ》っていません。子どもと質《しつ》の高い時間を過《す》ごすことができないのです。それで負《お》い目《め》を感じ、子どもを甘《あま》やかしてしまったり、逆《ぎゃく》に、必要以上《ひつよういじょう》に厳《きび》しくしつけてしまうこともあります。

池田　なるほど。そうした傾向《けいこう》は日本も同じですね。家族《かぞく》というのは、社会から孤立《こりつ》した存在《そんざい》ではない。社会が変われば、家族のあり方も変わっていくのは、当然《とうぜん》のことでしょう。

「昔《むかし》はよかった」と、過去《かこ》の家族像《かぞくぞう》を理想化《りそうか》する人もいますが、世《よ》の中が変わってきているのだから、「過去の理想」を追《お》い求《もと》めてもしかたがない。

しかし、家族《かぞく》の大切《たいせつ》さは、変わっていないと思う。むしろ、荒波《あらなみ》のような現代《げんだい》社会にあっては、人間の「よりどころ」としての家族が、いっそう大きな役割《やくわり》を持ってきます。

人々の幸福《こうふく》のために行動《こうどう》する
——その価値《かち》を示《しめ》したキング博士《はくし》

バック　今は、善《ぜん》につけ悪《あく》につけ、マスコミの影響《えいきょう》が大きいと思います。テレビなどのメディアによって、「自己中心主義《じこちゅうしんしゅぎ》」が刺激《しげき》され、それが家族のあり方に変化《へんか》をもたらしています。

たとえば、女性《じょせい》であれば、テレビドラマに出てくる主人公《しゅじんこう》のように、いつも若く、美しく、自分の生きたい人生《じんせい》を自由《じゆう》に生きる——そんなイメージが誇張《こちょう》されています。

ふつうのお母さんまでもが、「あのテレビのような生活がしたい」と考え、「今の自分は、だめなんじゃないか」と思うようになります。

多くの人が、映画《えいが》やテレビドラマのような、豊《ゆた》かで、華《はな》やかな生活《せいかつ》を夢見《ゆめみ》ています。

池田　テレビを見て楽《たの》しむのもよいし、そこから学《まな》べることもたくさんある。しかし、そうした華《はな》やかさは、幻《まぼろし》のようなものです。虚像《きょぞう》に振《ふ》り回《まわ》されては、賢明《けんめい》な生き方はできません。

マスコミというのは、富《とみ》や名声《めいせい》をもつ人ばかりをクローズアップしがちです。しかし、本当《ほんとう》の人間の価値《かち》とは、物質的《ぶっしつてき》な豊《ゆた》かさや名声《めいせい》の中にはありません。

もちろん私は、皆《みな》さんに裕福《ゆうふく》で、健康《けんこう》な生活をしてほしい。しかし、「心の豊《ゆた》かさ」こそが、最高《さいこう》の価値《かち》であることを忘《わす》れてはいけない。

いかに生きたか。いかに世《よ》の中の役《やく》に立ったか。無名《むめい》であっても、立派《りっぱ》な家に住んでいなくても、誠実《せいじつ》に、人々のために尽《つ》くしていく人こそ、「心の財宝《ざいほう》」を積《つ》んでいける。

その人こそ、本当《ほんとう》の幸福《こうふく》を実感《じっかん》できるのです。

アメリカの人権《じんけん》の闘士《とうし》・キング博士《はくし》は、黒人《こくじん》の自由《じゆう》のために命を捧《ささ》げました。博士《はくし》は、暗殺《あんさつ》される二カ月前に次《つぎ》のようなスピーチを残《のこ》しました。

「私が最後《さいご》の日を迎《むか》える時、もし弔辞《ちょうじ》を頼《たの》むとしたら、あまり長く話さないでほしい。

ノーベル賞《しょう》を受けたとか、三百から四百の賞を受けたとか、どこの学校に行ったとか、そんなことは重要《じゅうよう》ではありません。

私は、こう言ってほしい。〝マーチン・ルーサー・キングは、自分の生涯《しょうがい》を他の人々《ひとびと》に捧《ささ》げようとした。人間を愛し、人間に仕《つか》えようとした〟と。

もし私が、通《とお》りすがりに誰《だれ》かを助《たす》けることができたとしたら、誰かを歌か言葉《ことば》で励《はげ》ますことができたとしたら、道を間違《まちが》っている人に、そのことを教えることができたとしたら、私の人生《じんせい》は、むなしいものではなかったのです」

この言葉《ことば》は、葬儀《そうぎ》の席上《せきじょう》、テープで流され、改《あらた》めて皆《みな》に感動《かんどう》を与《あた》えました。

自分が、どれだけ人々《ひとびと》を愛したか。尽《つ》くしたか。

それこそが、人生《じんせい》の最後《さいご》に残《のこ》る価値《かち》である——そのことをキング博士《はくし》の言葉《ことば》は教えてくれる。

仏法《ぶっぽう》には、「他人《たにん》の前を明るく照《て》らせば、自分の前も明るくなる」という教訓《きょうくん》があります。

自分《じぶん》の幸福《こうふく》ばかり追《お》い求《もと》めるのでなく、人々《ひとびと》の幸福のために行動《こうどう》していく。これが、仏法《ぶっぽう》で説《と》く「菩薩《ぼさつ》」の生き方です。それがまた、全部《ぜんぶ》、自分の幸福をつくっていく。「自他《じた》ともの幸福」となっていく。

また、そのことを教えていくのが真《しん》の教育です。

ゆえに、教育に命を捧《ささ》げた人の生涯《しょうがい》は、尊《とうと》い光を放《はな》っています。多くの青年《せいねん》を立派《りっぱ》に育てた教育者をこそ、顕彰《けんしょう》していくべきであると、私は、常々主張《つねづねしゅちょう》しています。

生徒《せいと》を先入観《せんにゅうかん》で見るな
生徒を独《ひと》りぼっちにするな

フィーゼル　一九九〇年に池田先生がアメリカに来られた際《さい》、アメリカＳＧＩにも「教育部（教育者のグループ）」が結成《けっせい》されました。今では、多くの力ある教育者が活躍《かつやく》しています。

少々《しょうしょう》、紹介《しょうかい》させていただきたいと思います。

女子部のモーラ・マラーカーさんは、ニューヨークで高校の先生をしています。ニューヨークは、教師にとって、とても難《むずか》しく、危険《きけん》な地域《ちいき》として知られています。

モーラさんは、そうした地域《ちいき》で、二人《ふたり》の生徒《せいと》とのかかわりをとおして、勝利《しょうり》の体験《たいけん》をつかみました。

二人《ふたり》とも〝問題児《もんだいじ》〟として扱《あつか》われ、自暴自棄《じぼうじき》になっている生徒《せいと》でした。親も、子どもを見捨《みす》てていました。「この子は、どうにもならない」とあきらめていたようなのです。

しかし、モーラさんは、あきらめませんでした。

何度《なんど》も何度も対話《たいわ》を重《かさ》ね、粘《ねば》り強《づよ》く励《はげ》まし続《つづ》けました。

最初《さいしょ》は、なかなか心を開《ひら》いてくれませんでしたが、だんだんと信頼《しんらい》を寄《よ》せてくれるようになりました。

一人目《ひとりめ》の生徒《せいと》は、心臓《しんぞう》の病気《びょうき》のために、一時《いちじ》、家で治療《ちりょう》しなくてはならなく

なりました。

彼女《かのじょ》は、自分の家の電話番号《でんわばんごう》を教え、勉強の相談《そうだん》にのりました。ふつうアメリ

カでは、教師《きょうし》が生徒《せいと》に電話番号を教えることはないのですが。

バック　そこまで親身《しんみ》になって、生徒《せいと》にかかわったのですね。

フィーゼル　ええ、もう一人《ひとり》の生徒《せいと》は、モーラさんの励《はげ》ましや本人《ほんにん》の努力《どりょく》のか

いあって、最優秀《さいゆうしゅう》の「A」の成績《せいせき》を取ることができました。

そして、親《おや》に信《しん》じてもらうため、答案用紙《とうあんようし》に彼女《かのじょ》のサインを書いてくれるよう

頼《たの》んだそうです。

そうした経験《けいけん》をとおして、モーラさんは、「あきらめないこと」の大切《たいせつ》さを知

りました。

全米教育大学の名門、コロンビア大学ティーチャーズ・カレッジで、「『地球市民』教育への一考察《こうさつ》」と題《だい》し講演《こうえん》（1996年 6 月）

彼女《かのじょ》は言います。

「表面的《ひょうめんてき》な振《ふ》る舞《ま》いや、試験《しけん》の成績《せいせき》だけで生徒《せいと》を判断《はんだん》してはいけない。絶対《ぜったい》に、生徒を『先入観《せんにゅうかん》』で見てはいけません。

また、生徒《せいと》が困難《こんなん》に陥《おちい》っている時に、決《けっ》して独《ひと》りぼっちにさせてはいけない。常《つね》に教師《きょうし》は、生徒の身近《みぢか》にいて、寄《よ》り添《そ》うようにして、励《はげ》ましていかねばならないのです」

池田　すばらしい先生だね。

学校とは、魂《たましい》のない校舎《こうしゃ》のことではない。学生や生徒《せいと》のために献身的《けんしんてき》に奉仕《ほうし》する教師《きょうし》こそが、「学校」それ自体《じたい》と言えるでしょう。

「人間」だけが「人間」をつくることができるのです。

これは、ニューヨークのコロンビア大学（ティーチャーズ・カレッジ）で、私が講演《こうえん》した際《さい》のテーマの一つでした（一九九六年六月）。

フィーゼル　モーラさんは、そのカレッジの卒業生《そつぎょうせい》です。彼女《かのじょ》はその時の講演《こうえん》に出席《しゅっせき》することができ、自分が教わった大学の恩師《おんし》たちが、池田先生のお話に真剣《しんけん》に聴《き》き入《い》っている姿《すがた》を見て、とてもうれしかったそうです。

彼女《かのじょ》は、先生が講演《こうえん》で言われた、「地球市民《ちきゅうしみん》」の考え方に感動《かんどう》したと語《かた》っていました。

「地球市民《ちきゅうしみん》の要件《ようけん》とは、決《けっ》して単《たん》に何カ国語《こくご》を話せるとか、何カ国を旅行《りょこう》したとかで決まるものではない。

国外《こくがい》に一歩《いっぽ》も出なくても、世界の平和と繁栄《はんえい》を願《ねが》い、人々《ひとびと》に貢献《こうけん》していく生き方こそ、『地球市民《ちきゅうしみん》』なのだ」と。

モーラさんは、自分のクラスで、真《しん》の「地球市民《ちきゅうしみん》」を育てていこうと、頑張《がんば》っています。

池田　立派《りっぱ》です。ありがたいことです。

モーラさんの取《と》り組《く》みは、必《かなら》ず二十一世紀《せいき》に大きく実《み》を結《むす》びます。教育は、決《けっ》して「要領《ようりょう》」ではできません。どこまでも「魂《たましい》」の触発《しょくはつ》です。

自分の可能性《かのうせい》に目覚《めざ》めさせることが教育の要諦《ようてい》

フィーゼル　また、現在《げんざい》、全米高等部長《ぜんべいこうとうぶちょう》を務《つと》めているスティーブ・モータンさんも高校の教師《きょうし》です。

彼《かれ》が勤務《きんむ》しているのは、ロサンゼルスでも、最《もっと》も難《むずか》しい地域《ちいき》にある学校です。そこは大変《たいへん》、貧《まず》しく、暴力《ぼうりょく》が日常茶飯事《にちじょうさはんじ》です。

彼自身《かれじしん》、そこで育ちました。

実《じっ》は彼《かれ》には、もっと裕福《ゆうふく》で、安全《あんぜん》な地域《ちいき》の学校で働《はたら》く道もありました。場所《ばしょ》も、そこから、さほど離《はな》れていません。

しかし、彼《かれ》は、ほかの地域《ちいき》で働《はたら》くことなど考えもしなかったそうです。

「自分の生まれ故郷《こきょう》に、何らかの恩返《おんがえ》しがしたい。同《おな》じ環境《かんきょう》で育ったのだから、自分なら、生徒《せいと》たちの気持ちが理解《りかい》できる」と深《ふか》く心に期《き》していたからです。

池田「生徒の心が分《わ》かる」――教育者にとって、最《もっと》も大切《たいせつ》なことです。牧口先生や戸田先生が自《みずか》ら実践《じっせん》され、強調《きょうちょう》されていた点でもあります。

フィーゼル 彼《かれ》が教師《きょうし》として、常《つね》に心がけていることは、自分が高校生の時に、池田先生との出会《であ》いから学《まな》んだことです。

十年前（一九九〇年）、彼《かれ》が十六歳の時に、池田先生がロサンゼルスに来《こ》られ、青年部《せいねんぶ》の会合《かいごう》が開かれました。

緊張《きんちょう》の中で先生の到着《とうちゃく》を待っていたところ、先生は、会場《かいじょう》に入るなり、固《かた》い雰囲気《ふんいき》をやわらげるように、青年《せいねん》たちに親《した》しく語《かた》りかけました。そして何度《なんど》も何度も、「皆《みな》さんは未来《みらい》のリーダーです」と期待《きたい》を込《こ》めて言ってくださったのです。

彼《かれ》は、この時の感動《かんどう》を、今も忘《わす》れられません。池田先生が自分にしてくださったように、生徒《せいと》に接《せっ》する時は決《けっ》して形式《けいしき》ばらず、心からの期待《きたい》をかけるようにしているそうです。

バック　スティーブさんやモーラさんのような先生に出会《であ》えた生徒《せいと》は幸《しあわ》せですね。私にも思い出の先生がいます。

小学校の五、六年生の時に教わった、ボウズウェル先生という男性《だんせい》の先生です。前《まえ》に、お話ししたように、私の父は、私が生まれてすぐに病気《びょうき》で亡《な》くなりました。

愛情深《あいじょうぶか》かったが、悲《かな》しみのあまりアルコール依存症《いぞんしょう》になってしまった母。豊《ゆた》かではない生活——。

いつしか私は、自分のことを、みじめで、とても不幸《ふこう》な存在《そんざい》のように思い始《はじ》めたのです。

でも、ボウズウェル先生は、そんな私を、いつも温《あたた》かく包《つつ》んでくださいました。

学校から帰《かえ》っても、母は仕事《しごと》で家にはいません。先生は、そんな私を気遣《きづか》って、放課後《ほうかご》、いっしょにスポーツしたり、ちょっとした食べ物を買って、いっしょに食べてくださったりしました。

アメリカでは、ふつう家庭訪問《かていほうもん》はしないのですが、心配《しんぱい》して、家の様子《ようす》を見に来てくれることもありました。

私の話をよく聞いてくれ、時には、ざっくばらんに先生の奥《おく》さんの話をしてくれることもありました。

「先生」というより、「友だち」のように接《せっ》してくださったのです。

〝君《きみ》は決《けっ》して、ちっぽけな存在《そんざい》じゃないんだよ。独《ひと》りぼっちじゃないんだ。君は、一個《いっこ》の人間として、とても大切《たいせつ》な、尊《とうと》い、特別《とくべつ》な存在なんだよ〟と。

このことを初《はじ》めて教えてくれたのが、ボウズウェル先生だったのです。

池田　本当《ほんとう》に生徒《せいと》を思いやる深《ふか》い愛情《あいじょう》がなければできないことです。その心があったからこそ、バックさんを「自分の尊《とうと》さ」に目覚《めざ》めさせた――。

不幸《ふこう》や、悲《かな》しみに沈《しず》んだ子どもは、自分に自信《じしん》がもてず、自分の中にあるすばらしい宝《たから》が見えなくなってしまうものです。

そのままでは、子どもは、やがて、卑屈《ひくつ》になり、自暴自棄《じぼうじき》になり、自分で自分を傷《きず》つけ、人を傷つけるような行為《こうい》に走ってしまうことが多い。

だから、私は創立者《そうりつしゃ》として創価学園《がくえん》に「五原則《ごげんそく》」を贈《おく》りました。

①生命の尊厳《そんげん》、②人格《じんかく》の尊重《そんちょう》、③友情《ゆうじょう》の深さ、一生涯《いっしょうがい》の友情、④暴力《ぼうりょく》の否《ひ》定《てい》、⑤知的《ちてき》・知性的人生《ちせいてきじんせい》たれ！——この五項目《こうもく》です。

ともあれ、自分の尊《とうと》さが分《わ》からないから、ほかの人の尊さも分からなくなってしまう。

自分自身《じしん》が、どれだけすばらしい存在《そんざい》であるか。いかに、計《はか》り知《し》れない可能性《かのうせい》をもっているか。

子どもに、それを気づかせ、目覚《めざ》めさせていくのが、教育の根本《こんぽん》の使命《しめい》と言ってよい。

〝三人の息子《むすこ》を人材《じんざい》に〟と願《ねが》って育てたシングル・マザー

バック　私は、もう一度、ボウズウェル先生に会《あ》って、感謝《かんしゃ》の思いを伝《つた》えたいと願《ねが》っています。

先生がご健在《けんざい》であれば、もう八十代でしょうか。

今、友人《ゆうじん》に頼《たの》んで、インターネットなどを駆使《くし》して、先生の所在《しょざい》を探《さが》してもらっているのです。

池田　再会《さいかい》できるといいですね。バックさんは、ご自分でもインターネットを利《り》用《よう》するのですか。

バック　いえ、実《じつ》は私、コンピューターが大《だい》の苦手《にがて》なんです（笑い）。アメリカSGIの全国幹部《ぜんこくかんぶ》の中で、パソコンも持たず、電子《でんし》メールもできないのは、私くらいでしょうか。

コンピューターの画面《がめん》の前に座《すわ》っているより、お料理《りょうり》や、ガーデニングをしているほうが好《す》きです（笑い）。

わが家《や》の庭《にわ》は、チャリティ（慈善活動《じぜんかつどう》）にも活用《かつよう》していただいているんです。私の家は、ビバリーヒルズから続《つづ》く隣町《となりまち》にあるのですが、この地域《ちいき》では、チケットを発行《はっこう》し、市民《しみん》が、希望《きぼう》する家庭の庭《にわ》を観賞《かんしょう》する催《もよお》しがあります。その収益《しゅうえき》が、慈善事業《じぎょう》に寄付《きふ》されます。

わが家《や》の庭《にわ》も、その一つに選《えら》ばれ、四百人の方《かた》が見に来てくださったこともありました。

子どもの頃《ころ》の境遇《きょうぐう》を振《ふ》り返《かえ》ると、考えられないことですが、好《す》きな庭《にわ》がお役《やく》に立ててうれしく思っています。

池田　すばらしいことですね。アメリカは、日本よりもチャリティの文化《ぶんか》が根《ね》づいていますからね。

フィーゼル　ええ。次に、「シングル・マザー」としての困難《こんなん》を乗《の》り越《こ》え、お子さんを立派《りっぱ》に育て上げたヴェロニカ・エレンレイクさんというお母さんの体験談《たいけんだん》を紹介《しょうかい》させてください。

エレンレイクさんには、二十歳《はたち》のイアン君、十九歳のライアン君、九歳のケビン君という三人の子どもがいます。

上の二人《ふたり》の息子《むすこ》は、前の夫《おっと》との間《あいだ》に生まれた子どもです。三男《さんなん》のケビン君を妊娠《にんしん》した時、再婚《さいこん》した夫《おっと》がいなくなってしまい、それ以来《いらい》、彼女《かのじょ》は三人の息子《むすこ》を、女手《おんなで》一つで育ててきたのです。

経済的《けいざいてき》に厳《きび》しい状況《じょうきょう》になったエレンレイクさんは、ロサンゼルスからサクラメントに引《ひ》っ越《こ》し、家賃《やちん》の安《やす》いトレイラーホーム（車で引く移動住宅《いどうじゅうたく》）で暮《く》らすことになりました。

エレンレイクさんは、息子《むすこ》さんたちを、広宣流布《こうせんるふ》の力ある人材《じんざい》に育てたいと思い、スタンフォード大学に入学《にゅうがく》させる夢《ゆめ》を持っていました。全米《ぜんべい》でも最高峰《さいこうほう》の大学です。

カトリック系《けい》の高校の学費《がくひ》が一番安《やす》いことが分《わ》かり、まず兄弟《きょうだい》はそこに進学《しんがく》しました。

二人《ふたり》は、高校に入学《にゅうがく》すると、何度《なんど》かつらい思いをしました。周《まわ》りの生徒たちより貧《まず》しかったのと、仏教《ぶっきょう》を信仰《しんこう》しているせいで、クラスメートから、からかわれることが多かったのです。

そんなころ（一九九三年）、池田先生がサンフランシスコに来られました。この時、アメリカSGIに未来部《みらいぶ》が結成《けっせい》され、私が初代《しょだい》の高等部長《こうとうぶちょう》に就任《しゅうにん》したのですが、二人《ふたり》は、その会合《かいごう》に参加《さんか》していたのです。

母の「確信《かくしん》」が子どもの成長《せいちょう》の糧《かて》に

池田　アメリカSGIにとっても、歴史的《れきしてき》な出発《しゅっぱつ》の時でしたね。

フィーゼル　そうです。会合《かいごう》には、お母さんのエレンレイクさんも役員《やくいん》として参《さん》

第１回アメリカSGI青年部総会で、参加者の輪《わ》の中に入って激励《げきれい》する池田SGI会長。席上、アメリカSGIの「高等部」と「中等部」が結成された（1993年３月、サンフランシスコ市で）

加《か》していました。

彼女《かのじょ》は、池田先生をサンフランシスコ文化会館《ぶんかかいかん》の玄関《げんかん》で出迎《でむか》え、先生の後《あと》について会場《かいじょう》に入《はい》っていきました。

この時の思い出を、エレンレイクさんは語《かた》ってくれました。

「池田先生が会場《かいじょう》の入り口に着《つ》くと、かわいらしい男の子、女の子たちが歓迎《かんげい》しました。四歳から十二歳の未来《みらい》っ子たちです。

『皆《みな》さん、ありがとう。忘《わす》れないよ』。そう声をかけながら、先生は、ひざをかがめて、一人《ひとり》ひとりの瞳《ひとみ》をまっすぐに見て、ていねいにあいさつされていました。その姿《すがた》に、とても感動《かんどう》しました。

先生は、多くの中高生《ちゅうこうせい》が待《ま》つ会場《かいじょう》に入《はい》り、開口一番《かいこういちばん》、こう言われたのです。

『〝お父さん〟が来たよ』――。

私も、まさにそのとおりの気持ちがしました。

『お父さんが来た』と。

息子《むすこ》二人《ふたり》とともに、私はその場《ば》にいっしょにいることができ、とても幸せでした」

バック　人生《じんせい》に苦《くる》しみがあれば、ともに悩《なや》み、進路《しんろ》に迷《まよ》えば方針《ほうしん》を与《あた》えて励《はげ》まし、うれしいことがあれば、ともに喜《よろこ》ぶ――そんな先生の存在《そんざい》は、まさに〝心のお父さん〟です。

フィーゼル　本当《ほんとう》にそうです。それでこの日を境《さかい》に、兄弟《きょうだい》は自信《じしん》をもって、SGIの未来部《みらいぶ》の活動《かつどう》に参加《さんか》するようになりました。

学校でも、同級生《どうきゅうせい》や、学校の先生が、家族《かぞく》の健気《けなげ》な努力《どりょく》に、敬意《けいい》を払《はら》うようになり始《はじ》めました。

そしてついに、長男《ちょうなん》のイアン君がスタンフォード大学に入学《にゅうがく》できたのです。

その後《ご》も、経済的苦境《けいざいてきくきょう》や、イアン君の大《おお》けがなど、試練《しれん》が重《かさ》なりましたが、見事《みごと》に乗《の》り越《こ》え、次男《じなん》のライアン君も、スタンフォード大学に入学《にゅうがく》しました。

バック　子どもを一人《ひとり》でもスタンフォード大学に入学《にゅうがく》させるのは大変《たいへん》なのに、

二人《ふたり》も入学させるなんて、驚《おどろ》くべきことです。

フィーゼル　イアン君とライアン君に、いつからスタンフォード大学に行こうと思うようになったか、聞いたことがあります。

彼《かれ》らは答《こた》えました。

「僕《ぼく》たちが物心《ものごころ》ついたころから、母は、その夢《ゆめ》を持っていました。それは夢というよりも、必《かなら》ずそうなるという『確信《かくしん》』でした。

環境《かんきょう》は厳《きび》しかったですが、母が深《ふか》い確信《かくしん》を持っていたから、僕《ぼく》たちも同《おな》じ確信を持つようになっていたのです。

僕《ぼく》たちは、もともと頭《あたま》がよかったから、大学に行けたのではありません。『周《まわ》りの人が自分を深《ふか》く信《しん》じてくれる時、自分も自分を信ずることができる』――僕《ぼく》たちは、そのことを学《まな》びました」と。

池田　そのとおりですね。子どもの可能性《かのうせい》を伸《の》ばすには、「子どもを信《しん》じてあげる」ことです。

周囲《しゅうい》の人々《ひとびと》の「愛情《あいじょう》」と「信頼《しんらい》」が、子どもの内《うち》なる力を伸《の》ばしていくのです。

私は、アメリカ未来部発展《みらいぶはってん》への大きな期待《きたい》を込《こ》めて、かつて「家庭《かてい》教育へのアドバイス」を語《かた》らせていただいたことがあります。

バック　はい。次《つぎ》の六点ですね。

「信心《しんじん》は一生《いっしょう》。今は勉学第一《べんがくだいいち》で」

「子どもと交流《こうりゅう》する日々《ひび》の工夫《くふう》を」

「父母《ふぼ》が争《あらそ》う姿《すがた》を見せない」

「父母《ふぼ》が同時《どうじ》には叱《しか》らない」

「公平《こうへい》に。他《た》の子と比較《ひかく》しない」

「親の信念《しんねん》の生き方を伝《つた》えよう」

先生が、非常《ひじょう》に具体的《ぐたいてき》に示《しめ》してくださったので、よく分《わ》かりました。

アメリカ婦人部《ふじんぶ》でも、しっかり取《と》り組《く》んでいきます。

アメリカ未来部《みらいぶ》から
キラ星《ぼし》のごとく人材《じんざい》を

フィーゼル　エレンレイクさんは、しみじみと語《かた》っていました。

「女性《じょせい》が一人《ひとり》で子どもを育て、生《い》き抜《ぬ》いていくのは大変《たいへん》なことです。多くの困難《こんなん》が降《ふ》りかかってきます。すぐに目的《もくてき》を見失《みうしな》い、道《みち》をそれてしまいそうになります。そうなったら、今度《こんど》はそこから抜《ぬ》け出《だ》すのは簡単《かんたん》なことではありません。

私は、この信仰《しんこう》と、池田先生の励《はげ》まし、そして、温《あたた》かい〝ＳＧＩ家族《かぞく》〟のおかげで、頑張《がんば》ってくることができたのです」

バック　エレンレイクさんの気持ちは、私にもよく分《わ》かります。

私も、入会以来《にゅうかいいらい》、ＳＧＩの中で、多くの方々《かたがた》と、ともに悩《なや》み、ともに励《はげ》まし合《あ》いながら生きてきました。

一番《いちばん》、うれしいのは、メンバーが苦難《くなん》に打《う》ち勝《か》ち、勝利《しょうり》した体験《たいけん》を聞くことです。

現代《げんだい》のアメリカには、さまざまな問題《もんだい》があります。ニュースを見ていると、とても暗《くら》い気持ちになることもあります。

しかし、ＳＧＩ家族の励《はげ》まし合《あ》いの世界こそ、未来《みらい》への希望《きぼう》であり、光であると思うのです。

フィーゼル　イアン君は今、自分の大《おお》けがの体験《たいけん》から、医療《いりょう》の分野《ぶんや》で人々《ひとびと》のために尽《つ》くしたいと、医学《いがく》を専攻《せんこう》しています。

ライアン君は、コンピューターの分野《ぶんや》に進《すす》むことを決意《けつい》しています。二人《ふたり》とも、アメリカＳＧＩの学生部員《がくせいぶいん》としても、活躍《かつやく》しています。

九三年の未来部結成《みらいぶけっせい》の時、先生は言われました。

「アメリカ未来部《みらいぶ》から、キラ星《ぼし》のごとく、スターのごとく、輝《かがや》く『人間主義《しゅぎ》のリーダー』たちが誕生《たんじょう》していくことを、私は信《しん》ずる。固《かた》く信じている」と。

イアン君も、ライアン君も、そうしたキラ星《ぼし》のごとき人材群《じんざいぐん》の、かけがえのない「スター」の一人《ひとり》です。

池田　うれしいね。お二人《ふたり》に、そしてお母さんに、くれぐれもよろしくお伝《つた》えください。

目指《めざ》す大学に進《すす》んだ努力《どりょく》も偉《えら》いが、それ以上《いじょう》に、社会のため、人々《ひとびと》のために働《はたら》こうという心を身《み》につけたことが尊《とうと》い。一流《いちりゅう》の大学に進学《しんがく》させるよりも、それこそが、「教育の勝利《しょうり》」です。

だから、お母さんは「勝《か》った」のです。

暗《くら》い世界を明るくするもの、それは、成長《せいちょう》しゆく若《わか》き青年《せいねん》の姿《すがた》です。人生《じんせい》に勝利《しょうり》し、幸福《こうふく》を勝《か》ち取《と》った「母の笑顔《えがお》」です。

先ほど、バック婦人部長《ふじんぶちょう》が言われたように、現代《げんだい》の闇《やみ》は深《ふか》い。

そのなかでアメリカは、「世界の縮図《しゅくず》」として偉大《いだい》な挑戦《ちょうせん》をされている。

そのカギとなるのが教育です。

私たちが、「愛情《あいじょう》」を注《そそ》いだだけ、「信頼《しんらい》」を与《あた》えただけ、子どもたちは輝《かがや》き、世界は、もっと明るくなっていくのです。

アメリカのますますの発展《はってん》のために、バックさん、フィーゼルさんはじめ、アメリカSGIの皆《みな》さまが、さらに大活躍《だいかつやく》されるよう祈《いの》っています。

《注》

＊1 魯迅

一八八一〜一九三六。中国の文学者。本名、周樹人。日本に官費留学し医学を学ぶなかで、中国人の精神改造の必要性を痛感《つうかん》し、文学者となる。『狂人日記』『阿Q正伝』などの小説や、詩・散文を発表して、中国社会の矛盾《むじゅん》や課題を鋭く告発《こくはつ》した。

第4章

教育の心
信頼《しんらい》の絆《きずな》

ブラジル①

（ブラジルの国花・イペー）

出席者

ケンスケ・カマタ
（鎌田健輔）

＊

サハリン（旧樺太《カラフト》）敷香《シスカ》市生まれ。北海道教育大学卒業。元ブラジルの日本人学校教諭。ブラジルＳＧＩで、男子部長、壮年部長、副理事長等を歴任。芸術部長、教育部長、大サンパウロ圏長としても活躍。1999年12月より主席副理事長。サンパウロ市在住。

キヨコ・クニイ・アギへ
(Kiyoko Kuniy Aguirre)

＊

ブラジル・サンパウロ州ジュンディアイ市生まれ。ジュンディアイ教育大学卒業。元小学校教諭。ブラジルＳＧＩで、総合方面婦人部長、大サンパウロ圏婦人部長等を歴任し、1999年12月より、全国婦人部長。２男１女の母。サンパウロ市在住。

〝少しでもよい学校に〟と心を尽《つ》くした母

カマタ　アメリカに続《つづ》いて、今回からはブラジルＳＧＩの私と、アギヘ婦人部長《ふじんぶちょう》とで、てい談《だん》を進《すす》めたいと思います。

よろしくお願《ねが》いします。

池田　四十年前（一九六〇年十月）、海外《かいがい》への第一歩《だいいっぽ》を印《しる》した時に、初《はじ》めて訪《おとず》れたのもアメリカとブラジルでした。不思議《ふしぎ》な縁《えにし》を感じます。大《おお》いに語《かた》り合《あ》っていきましょう。

教育こそ社会の基盤《きばん》です。教育に力を注《そそ》いだところが、伸《の》びていく。これまで多くのブラジルの識者《しきしゃ》の方々《かたがた》と、お会《あ》いしてきましたが、皆《みな》さん、「教育」の重要性《じゅうようせい》を訴《うった》えておられた。

カマタさんとアギヘさんも、教師《きょうし》をされたことがあったそうですね。

アギへ　はい。私が受け持っていたのは、小学校の低学年《ていがくねん》の生徒《せいと》たちでした。ブラジルでは、日本でいう小学校と中学校が一つの課程《かてい》になっていて「八年制《せい》」なんです。それが、義務《ぎむ》教育になっています。

私は、人に教えることが大好《だいす》きで、教師《きょうし》になりました。そんな私も、子どもの頃《ころ》には、学校に行くのがつらく感じた時もありました。

私が住んでいたのは、サンパウロ州のジュンディアイ市です。サンパウロから北へ車で一時間ぐらいの郊外《こうがい》の町でしたが、裕福《ゆうふく》な人たちがたくさん住んでいる地域《ちいき》でした。

そこで、友だちが皆《みな》、ピカピカの制服《せいふく》を着《き》て、母親たちと楽しそうに登校《とうこう》しているのに、私は独《ひと》りぼっちで学校に行かなければなりませんでした。

私の家は経済的《けいざいてき》に苦《くる》しく、母も朝早くから働《はたら》いていたので、毎朝《まいあさ》、私を学校まで送《おく》り届《とど》ける時間は、とてもありませんでした。

父と母は、日本からの移住者《いじゅうしゃ》で、母は十二歳の時、父は五歳の時にブラジルに渡《わた》ってきました。結婚《けっこん》してからも苦労《くろう》を重《かさ》ねながら、クリーニング店《てん》を営《いとな》んでいたのです。

そのため、母は夜に洗濯《せんたく》をして、朝早くからアイロンがけをするという生活をしていました。

カマタ　お母さんは必死《ひっし》に家業《かぎょう》を支《ささ》えておられたのですね。

確《たし》かにブラジルでは今でも、親が送《おく》り迎《むか》えをする習慣《しゅうかん》があります。最近《さいきん》は、スクールバスで登校《とうこう》する学校もふえているようですが。

それで、アギヘさんも、寂《さび》しい思いをしたのでしょうね。

アギへ　ええ。でも母は、それに倍《ばい》するくらいの愛情《あいじょう》を、私に注《そそ》いでくれました。

母は、私たち三人の子どもを、できるだけ学費《がくひ》のかからない別《べつ》の学校に入れることもできました。

そこでは、教材《きょうざい》など必要《ひつよう》なものは、すべて無償《むしょう》で与《あた》えられました。周《まわ》りの家では、その学校を選《えら》ぶ人も多かったようです。

しかし、母は、自分たちの苦労《くろう》を顧《かえり》みず、〝少しでもよい学校に〟と、通《かよ》わせてくれました。

池田　自分のことはさておいて、子どものために最善《さいぜん》を尽《つ》くす――親というのは、本当《ほんとう》にありがたいですね。

とくに子どもの教育は、時を逃《のが》してしまえば、取《と》り返《かえ》すことは容易《ようい》ではない。アギへさんのお母さんは、そのために懸命《けんめい》に頑張《がんば》られた。

私の母も、海苔製造《のりせいぞう》という父の仕事を手伝《てつだ》いながら、家事《かじ》を切《き》り回《まわ》し、私たちを育てくれました。

私も家業《かぎょう》を手伝《てつだ》ったことがあるので、どれだけの労作業《ろうさぎょう》かは、身にしみて分《わ》かっています。

しかし、母は愚痴《ぐち》一つ言わず、食事《しょくじ》のこと、学校のことなど、苦《くる》しい家計《かけい》をやりくりしながら、子どもを最優先《さいゆうせん》に考《かんが》えてくれていた。

世《よ》のお母さんたちも、アギへさんのお母さんも、きっと同《おな》じ思いだったのだろうね。

子どもたちに「学《まな》ぶことの喜《よろこ》び」を

アギへ　とても感謝《かんしゃ》しています。
制服《せいふく》も、新しいものを買《か》うことはできないので、母が手作《てづく》りでつくってくれました。

同級生《どうきゅうせい》の制服《せいふく》と比《くら》べて、少し気恥《きは》ずかしく感じた時もありましたが、〝これで、いつも、母といっしょにいるんだ〟と思うと、元気《げんき》が出てきたことを覚《おぼ》えています。

そのおかげで、引《ひ》け目《め》を感じることは、全然《ぜんぜん》ありませんでした。実際《じっさい》につらかったのは、授業《じゅぎょう》で学校の先生の言っていることが、全然分《わ》からなかったことだったのです。

カマタ　授業《じゅぎょう》のレベルが高かったのですか。

アギへ　いいえ、それ以前《いぜん》の問題《もんだい》でした。

先生の話すポルトガル語が、私にはまったく聞き取れなかったのです。両親《りょうしん》が働《はたら》いていたので、私たち子どもの面倒《めんどう》をみてくれていたのは、祖母《そぼ》でした。

祖母《そぼ》は、日本語しか話せません。いっしょに過《す》ごす私も、自然《しぜん》と日本語のほうを覚《おぼ》えるようになりました。

それまで違和感《いわかん》もなく過《す》ごしてきたのですが、小学校に行ってみると、当然《とうぜん》、飛《と》び交《か》うのはポルトガル語ばかりで（笑い）。ショックで、泣《な》きたい気分《きぶん》になりました。

何とかみんなについていきたいと思い、それから毎日《まいにち》、学校から帰《かえ》っては、ポルトガル語の単語《たんご》の暗記《あんき》をしました。授業《じゅぎょう》に出てくる言葉《ことば》を、すべて覚《おぼ》えるつもりで取《と》り組《く》みました。

授業《じゅぎょう》や友だちの会話《かいわ》のペースについていけるようになったのは、単語《たんご》の暗記《あんき》を始《はじ》めて一年が経《た》った頃《ころ》でした。

池田　それは、大変《たいへん》でしたね。

楽《たの》しい学校も、何か一つ、つまずくと、つらくなってしまう場合《ばあい》がある。他《ほか》の人には当《あ》たり前《まえ》のようなことでも、自分には分《わ》からなかったり、できなかったりすれば、誰《だれ》だって落《お》ち込《こ》んでしまう。

しかし、大切《たいせつ》なのは、そこからどうするかです。何ごとも、最初《さいしょ》から完璧《かんぺき》な人などいません。つまずいたら、「よし、頑張《がんば》ろう」「さあ、これからだ」と立ち上がればいいのです。

努力《どりょく》して、一つのことが分《わ》かれば、他《ほか》のことも、どんどん理解《りかい》できるようになっていく。

一方《いっぽう》で、お母さんたちも、子どもが何かでつまずいていないか、何かで引っかかって前へ進《すす》めないでいないかを、それとなく見て、手を差《さ》し伸《の》べることが大切《たいせつ》でしょう。

ともあれ、勉強に限《かぎ》らず、「努力《どりょく》」したこと自体《じたい》、すべてが自分の〝財産《ざいさん》〟になる。次への自信《じしん》につながっていく。

「努力」という言葉《ことば》は短《みじか》い言葉ですが、そこには「勝利《しょうり》」や「栄光《えいこう》」も含《ふく》まれています。

歩《あゆ》みは、遅《おそ》くてもよい。一歩《いっぽ》、一歩、前進《ぜんしん》する人が、勝利者《しょうりしゃ》なのです。

アギへ　本当《ほんとう》に、そう思います。

あの時、頑張《がんば》ったことで「努力《どりょく》の大切《たいせつ》さ」を実感《じっかん》できるようになりました。

また、そこで苦労《くろう》した経験《けいけん》が、教師《きょうし》になった時に活《い》きてきました。

私が勤《つと》めていた小学校では、「読み書き」が十分《じゅうぶん》にできない子がたくさんいました。

普通《ふつう》の先生なら、イライラしてしまうところでしょうが（笑い）、私には同じような経験《けいけん》があるので、その子たちの、もどかしい気持ちが手に取《と》るように分《わ》かりました。

子どもたちも、何とか覚《おぼ》えたいと思っている。でも、なかなか軌道《きどう》に乗《の》れず、くじけそうになる――そこを、忍耐強《にんたいづよ》く面倒《めんどう》をみてあげることが大切《たいせつ》なのです。子どもというのは本来《ほんらい》、いくらでも知識《ちしき》を吸収《きゅうしゅう》する力が、備《そな》わっているのですから。

「読み書き」をマスターした、うれしそうな笑顔《えがお》を見ると、〝教師《きょうし》になってよかった〟と感じることができました。

父母の皆《みな》さんからも、本当《ほんとう》に感謝《かんしゃ》されました。

「読み書き」などは、教育から見れば、基礎《きそ》中《ちゅう》の基礎ですが、それだけに〝学《まな》ぶことの喜《よろこ》び〟を、小さい頃《ころ》に実感《じっかん》できることが大切《たいせつ》だと思います。

可能性《かのうせい》をまず信じ、輝《かがや》きに気づかせる

カマタ　どんな小さなことでも、学校で〝喜《よろこ》び〟を感じることは大切《たいせつ》ですね。

私は教師《きょうし》になる前には、画家《がか》になることを目指《めざ》していました。そう思ったのも、子どもの頃《ころ》、絵を描《か》く喜《よろこ》びを知ったからです。

中学の時、芸術《げいじゅつ》大学を出た美術《びじゅつ》の先生がいました。その先生は、まるで魔《ま》術師《じゅつし》のように絵がうまくて（笑い）。「こういう人が、世《よ》の中にいるんだ」と感《かん》心《しん》したものでした。

ある時、私の絵を見た先生が、「なかなかいいね。このまま頑張《がんば》って、将来《しょうらい》は、

絵描《えか》きになりなさい」と、励《はげ》ましてくれました。

憧《あこが》れの存在《そんざい》だった先生の言葉《ことば》です。うれしくて、うれしくて……。天にものぼるような（笑い）気持ちになりました。

池田　子ども時代に、そうした「喜《よろこ》び」を感じることが、才能《さいのう》の芽《め》を伸《の》ばす大きな原動力《げんどうりょく》となるものです。

一度《ど》でも、学《まな》ぶ喜《よろこ》び、何かを作りあげる喜びを感じることができれば、子どもは、風《かぜ》を得《え》た帆船《はんせん》のように、目的地《もくてきち》に向《む》かって進《すす》んでいくことができる。

ブラジルは、数多《かずおお》くの宝石《ほうせき》を産出《さんしゅつ》することから、「宝石の国」と呼《よ》ばれていますが、言うなれば子どもも、ダイヤモンドの原石《げんせき》のようなものです。しかし、原石も磨《みが》かなければ、原石のままです。

皆《みな》が皆、「可能性《かのうせい》」という美《うつく》しい輝《かがや》きを秘《ひ》めている。大切《たいせつ》なのは、その輝きに気づかせてあげることです。

子どもがそれに気づき、自信《じしん》が持てるよう、そっと後押《あとお》ししてあげれば、後《あと》は自分で磨《みが》きをかけ、どこまでも輝《かがや》きを増《ま》していくことができるのです。そのための教育です。

まず、子どもの可能性《かのうせい》を「信《しん》じる」ことが大切《たいせつ》です。

すべては「信頼《しんらい》」から出発《しゅっぱつ》する。親も、教師《きょうし》も、この原則《げんそく》を忘《わす》れてはならない。

カマタ　そうですね。私も、将来《しょうらい》に「希望《きぼう》」が見えてきて、「よし、頑張《がんば》ろう」と思うようになったのは、学校の先生に絵をほめられた時が、初《はじ》めてでした。

それまで、私の子ども時代は、暗《くら》い思い出のほうが多かったものですから。

私は、昭和十二年（一九三七年）、樺太《カラフト》――今は、サハリンと呼《よ》ばれている所《ところ》で生まれました。

当時《とうじ》、樺太《カラフト》は、ソ連《れん》と日本の領土《りょうど》に、南北《なんぼく》に分《わ》かれていて、私たち家族《かぞく》は北のほう、ソ連《れん》との国境《こっきょう》近くの町に住んでいたのです。

そこで父は、サケを獲《と》る漁師《りょうし》をしていました。家のすぐ近くに川が流《なが》れていて、秋になると、サケが大挙《たいきょ》してのぼってきました。子どもの私でも、網《あみ》を放《はな》てば簡単《かんたん》に獲《と》れるほどサケがいて、川が銀色《ぎんいろ》にきらきら輝《かがや》いていた光景《こうけい》を、今でもよく覚《おぼ》えています。

その父が、私が七歳の時、病気《びょうき》で亡《な》くなり、しばらくして、日本が戦争《せんそう》に負《ま》けて……。母は、日本への引《ひ》き揚《あ》げを決意《けつい》せざるをえませんでした。ソ連《れん》との国境《こっきょう》が近いこともあり、急《いそ》いで用意《ようい》をしたのですが、四人の子どもを抱《かか》える身《み》ですから、手間取《てまど》ってしまって。やっとの思いで港《みなと》に着《つ》くと、目の前で、船《ふね》が出発《しゅっぱつ》してしまったのです。

他《ほか》にも乗《の》り遅《おく》れた人たちがいて、話を聞いてみると、それが〝最終便《さいしゅうびん》〟だったと分《わ》かりました。母は、力が抜《ぬ》けたように座《すわ》りこんでしまい、私も背負《せお》っていた荷物《にもつ》を下《お》ろしながら、遠《とお》ざかっていく船《ふね》を、ただ見つめるしかありませんでした。

「これで、もう日本には帰《かえ》れない」と、絶望的《ぜつぼうてき》な気持ちになったものです。

「いっしょに死のう」と真剣《しんけん》に叱《しか》ってくれた母

池田　戦争《せんそう》の犠牲《ぎせい》になるのは、常《つね》に民衆《みんしゅう》です。一番苦《くる》しむのは、母であり、子どもです。

私も、戦争《せんそう》で兄《あに》を失《うしな》い、家を焼《や》かれた。空襲《くうしゅう》の中で、逃《に》げまどったことも、何度《なんど》もある。戦争《せんそう》ほど、残酷《ざんこく》で悲惨《ひさん》なものはない――。

こうした自身《じしん》の体験《たいけん》もあって、私は、「戦争《せんそう》のない世界」を築《きず》こうと、世界中《じゅう》に、友情《ゆうじょう》と信頼《しんらい》の橋《はし》を架《か》けてきたのです。

カマタさんの家族《かぞく》も大変《たいへん》な苦労《くろう》をされたでしょうが、日本にはいつ戻《もど》れたのですか。

カマタ　私が、九歳の時です。それまで約《やく》二年間、ソ連《れん》での抑留《よくりゅう》生活を送《おく》りました。

父はすでに亡《な》く、頼《たよ》りにしていた長男《ちょうなん》も兵隊《へいたい》にとられ、敗戦《はいせん》で帰《かえ》ってこれない……。

明治《めいじ》生まれの気骨《きこつ》のある母で、もともとしっかりしていましたが、不自由《ふじゆう》な異国《いこく》の暮《く》らしの中で〝家族《かぞく》を守《まも》るのは、自分《じぶん》しかいない〟と、かなり気も張《は》っていたと思います。

ふだんは、人情味《にんじょうみ》のある母で優《やさ》しいのですが、ある時、これ以上《いじょう》ないというくらい、きつく叱《しか》られたことがありました。

小学二年の頃《ころ》だったと思います。

「何《なん》てことをしたの。お前《まえ》のような子は、もう生きてられない。お母さんといっしょに死のう」と、川のほうまで連《つ》れていかれました。

冷《つめ》たい水が流《なが》れる川べりに、手を引《ひ》っ張《ぱ》られるように立った時、子ども心《ごころ》にも、〝おふくろは本気《ほんき》だ〟と感じました。

それで、私は、母の顔《かお》をおそるおそる見上《みあ》げました。そしたら、母は、悲《かな》しそうな顔をして、涙《なみだ》を流《なが》していたのです……。

申《もう》し訳《わけ》ないという気持ちで胸《むね》がいっぱいになるとともに、母の愛情《あいじょう》が伝《つた》わってきました。

アギへ　なぜ、そんなに叱《しか》られたのですか。

カマタ　それが……、よく覚《おぼ》えていないんです。

曲《まが》ったことが嫌《きら》いで、「ひとさまに決《けっ》して迷惑《めいわく》をかけてはいけない」というのが、母の口癖《くちぐせ》でした。おそらく、相当《そうとう》に悪《わる》いことをしたのでしょう。

叱《しか》られた理由《りゆう》は、遠《とお》い記憶《きおく》の彼方《かなた》に忘《わす》れ去《さ》ってしまいましたが（笑い）、あの時の母の表情《ひょうじょう》は、鮮烈《せんれつ》に胸《むね》に焼《や》きついています。

〝腕白坊主《わんぱくぼうず》〟だった私も、「もう二度と、悪《わる》いことはしない」と固《かた》く誓《ちか》いました。

たった一人《ひとり》の親として、ある時は父親の代《か》わりとなって、子どもたちが道を外《はず》れないように、必死《ひっし》に私たちを育《そだ》ててくれたのだと思います。

十年ほど前に、母は亡《な》くなりましたが、深《ふか》く感謝《かんしゃ》しています。

池田　立派《りっぱ》なお母さんでしたね。

牧口先生の言葉《ことば》に、こうある。

「何ごとも、その場《ば》その場で解決《かいけつ》しなくてはいけない。手を打《う》たずに放置《ほうち》してしまえば、必《かなら》ず問題《もんだい》は大きくなる」と。

子育ても、同じでしょう。

ただし、解決《かいけつ》ばかりを焦《あせ》って、言葉《ことば》ばかりが空回《からまわ》りしてしまえば、子どもも心を閉《と》ざして、逆効果《ぎゃくこうか》になってしまう場合《ばあい》がある。

子どもの心を動かすのは「言葉《ことば》」ではない。「心」です。

その「心」も「真剣《しんけん》」でなければ、「必死《ひっし》」でなければ、相手の心に響《ひび》くことはない。

「この子を、絶対《ぜったい》に幸《しあわ》せにするのだ」という思いで包《つつ》んであげてこそ、子どもは自分《じぶん》の力で正しい道へと進《すす》むことができるのです。

〝ブラジル一《いち》、幸《しあわ》せに〟と全魂《ぜんこん》の励《はげ》まし

アギへ　今のお話をうかがっていて、ブラジル広布《こうふ》の草創《そうそう》の先輩《せんぱい》から聞いた話を思い出しました。

一九六〇年十月、池田先生がブラジルを初訪問《はつほうもん》された時の話です。

――先生を迎《むか》えての座談会《ざだんかい》が開《ひら》かれ、会合《かいごう》も終わりに差《さ》しかかった頃《ころ》、先生は会場《かいじょう》の最後列《さいこうれつ》にいた婦人《ふじん》に声《こえ》をかけられた。

座談会《ざだんかい》は、懇談的《こんだんてき》に質問会形式《しつもんかいけいしき》で行《おこ》なわれていたのですが、彼女《かのじょ》は、何度《なんど》か途《と》中《ちゅう》まで手を挙《あ》げかけながら、最後《さいご》まで発言《はつげん》できずにいました。

その姿《すがた》に先生が気づいて声《こえ》をかけられると、彼女《かのじょ》は「夫《おっと》が病気《びょうき》で亡《な》くなりました。

これから、どうやって生きていけばよいのか……」と声を落《お》とし、うつむいて

しまった。

彼女《かのじょ》の一家《いっか》は、日本から契約労働者《けいやくろうどうしゃ》として入植《にゅうしょく》し、農業《のうぎょう》に従事《じゅうじ》していました。

しかし、働《はたら》き手《て》の夫《おっと》を失《うしな》い、小さなお子さんを抱《かか》えて、異国《いこく》で暮《く》らす不安《ふあん》でいっぱいだったのです。

カマタ　まるで、私の母と同じ状況《じょうきょう》ですね。

アギヘ　ええ。

池田先生は、そんな彼女《かのじょ》に「大丈夫《だいじょうぶ》、信心《しんじん》をしていく限《かぎ》り、必《かなら》ず幸《しあわ》せになれます。そのための仏法《ぶっぽう》です。あなたが今、不幸《ふこう》な目にあい、つらい思いをしているのも、あなたにしかない、尊《とうと》い使命《しめい》を果《は》たすためです」と励《はげ》まされた。

そして、「ご主人《しゅじん》を亡《な》くされ、しかも、言葉《ことば》も通《つう》じない外国《がいこく》の地《ち》で、あなたが幸《しあわ》せになり、立派《りっぱ》に子どもさんを育て上げれば、夫《おっと》を亡くした、すべての婦人《ふじん》の鑑《かがみ》になるのです」「どうかブラジル一《いち》、幸せになってください」と激励《げきれい》されました。

先生の温《あたた》かな励《はげ》ましに、婦人《ふじん》の方《かた》は、生きる勇気《ゆうき》を取《と》り戻《もど》したのです。

池田　あの時、ブラジルに行ったのは、海外《かいがい》で初《はじ》めての支部《しぶ》を結成《けっせい》するためでした。

わずか数日《すうじつ》の滞在《たいざい》でしたが、お一人《ひとり》お一人の幸《しあわ》せを願《ねが》って、お会《あ》いしました。

仏法《ぶっぽう》では、自《みずか》ら願《ねが》って不幸《ふこう》な境遇《きょうぐう》のもとに生《う》まれ、それを乗《の》り越《こ》えながら人々《ひとびと》を救《すく》っていく生き方を、「願兼於業《がんけんおごう》」*1といいます。

たとえれば、何不自由《なにふじゆう》のない生活を謳歌《おうか》できる大女優《だいじょゆう》が、舞台《ぶたい》の上で、悲劇《ひげき》のヒロインを演《えん》じているようなものです。

だから、どんな境遇《きょうぐう》に置《お》かれようと、嘆《なげ》くことはない。シナリオがハッピー・エンドで書かれていれば、幸《しあわ》せで終わるように、「負《ま》けない心」があれば、人生《じんせい》の舞台を必《かなら》ず勝利《しょうり》で飾《かざ》っていけるのです。

人生《じんせい》の大女優《だいじょゆう》のごとく、悲《かな》しみの淵《ふち》から立ち上がる「人間革命《かくめい》」のドラマを堂々《どうどう》と、自分《じぶん》らしく演《えん》じていけばよいのです。

アギへ　ブラジルのことわざにも、「最《もっと》も幸福《こうふく》な人とは、最も多くの人に幸福をもたらす人」とあります。

女優《じょゆう》が観客《かんきゃく》を感動《かんどう》させるように、自《みずか》らの勝利《しょうり》の姿《すがた》で、同じ境遇《きょうぐう》にある人々《ひとびと》に希望《きぼう》を与《あた》えていく——そこに、私たちの最大《さいだい》の使命《しめい》があるのですね。

私がＳＧＩに入会《にゅうかい》したのも、「明るい希望《きぼう》の人生《じんせい》」を歩《あゆ》みたいと願《ねが》ったからでした。

入会《にゅうかい》は、十七歳の時でした。

その三年前に母が先《さき》に入会《にゅうかい》して、私の所《ところ》にも女子部《じょしぶ》の人が足繁《あししげ》く通《かよ》い、会合《かいごう》にも誘《さそ》ってくれていたのですが、なにせ私はカトリックの熱心《ねっしん》な信者《しんじゃ》だったものですから、かたくなに拒《こば》み続《つづ》けていました。

カマタ　アギへさんにも、そんな時期《じき》があったんですか（笑い）。

アギへ　ええ（笑い）。でも、その時期《じき》、私は、少《すこ》しふさぎこんで悩《なや》んでいたのです。

そんなある日、いつものように女子部《じょしぶ》の人が誘《さそ》いにきてくれました。

ふだんなら〝門前払《もんぜんばら》い〟するのですが、時が熟《じゅく》していたのかもしれません。

不思議《ふしぎ》と、その日はOK《オーケー》し、彼女《かのじょ》とともに女子部《じょしぶ》の会合《かいごう》に参加《さんか》したのです。

好奇心半分《こうきしんはんぶん》でついていったのですが、会場《かいじょう》をのぞいてみると、左を向《む》いても笑顔《えがお》、右を向いても笑顔といった感じで（笑い）、「どうして、みんなこんなに明るいのだろう」と、圧倒《あっとう》されてしまいました。

それまで、教会《きょうかい》の雰囲気《ふんいき》に慣《な》れ親《した》しんでいた私にとっては、まさに〝カルチャー・ショック〟でした。

カマタ　確《たし》かに、教会《きょうかい》といえば、厳《おごそ》かな雰囲気《ふんいき》というのが一般的《いっぱんてき》ですからね。

最近《さいきん》は、カトリックでも、ロック歌手《かしゅ》のように音楽《おんがく》に乗《の》って野外《やがい》で説教《せっきょう》する若《わか》い神父《しんぷ》が出てきて、人気《にんき》を博《はく》していますが。

はるばる日本を訪《おとず》れ「瀬戸《せと》の花嫁《はなよめ》」を合唱《がっしょう》

アギへ　時代も変わったものです。

私が初《はじ》めて会合《かいごう》に参加《さんか》して感じたのは、みんなの歓喜《かんき》あふれる姿《すがた》でした。なかでも一番、目をひいたのは、一人《ひとり》の女子部員《じょしぶいん》の笑顔《えがお》でした。

足が不自由《ふじゆう》だった彼女《かのじょ》は、そのことを感じさせないほど、笑顔《えがお》で光り輝《かがや》いていたのです。

その時、私は思いました。

〝心に霧《きり》がかかったような自分《じぶん》に比《くら》べ、彼女《かのじょ》たちは、何てさわやかなのだろう。私も、変わりたい！　彼女たちのように輝《かがや》きたい！〟と。

それで、思い切って入会《にゅうかい》したのです。

入会《にゅうかい》してからは次第《しだい》に明るくなり、生きることが楽《たの》しくなってきたのですが、一つだけ、難問《なんもん》にぶつかりました。

池田　それは何ですか……。

アギへ　日本語です（笑い）。

当時《とうじ》、ブラジルＳＧＩの中心者《ちゅうしんしゃ》は、ほとんど日本人でした。それで会合《かいごう》も、ポルトガル語より日本語で行《おこ》なわれることが多かったのです。

祖母《そぼ》から教《おそ》わった日本語は、ポルトガル語の猛勉強《もうべんきょう》のおかげで、さびついてしまって、相手《あいて》の話の意味《いみ》は分《わ》かっても、こちらから話すことができません。

「今度《こんど》は、もう一回、日本語か」と（笑い）、改《あらた》めて勉強し直《なお》しました。

さすがに、子どもの時のようにはマスターできませんでしたが、日本語の勉強をしているうちに、両親《りょうしん》の故郷《ふるさと》であり、創価学会の本部がある日本に一度行ってみたいという、思いが募《つの》るようになりました。

そんな私に、チャンスが訪《おとず》れたのは二十五歳の時でした。

一九七五年の秋、ブラジルＳＧＩの代表《だいひょう》の一人《ひとり》として、日本での研修会《けんしゅうかい》に参《さん》加《か》できることになったのです。

その時、九州《きゅうしゅう》の霧島《きりしま》研修所で、初《はじ》めて池田先生にお会《あ》いすることができました。


池田　あの年は、グアムでSGIが発足《ほっそく》した、記念《きねん》すべき年でした。

それで、海外《かいがい》で苦労《くろう》を重《かさ》ねながら、世界広布《せかいこうふ》のために戦《たたか》っている友《とも》を、少しでもねぎらってさしあげたいと思い、ブラジルのメンバーの代表《だいひょう》にも霧島《きりしま》に来ていただいたのです。

あの時、皆《みな》さんは、飛行機《ひこうき》で三十数時間もかけて、日本に来てくださった。

御書《ごしょ》*2で「道のとを《お》（遠）きに心《こころ》ざしのあらわるるにや」（日蓮大聖人御書全集一二二三《ページ》、以下「御書」と略す）と仰《おお》せのように、本当《ほんとう》に尊《とうと》い求道《きゅうどう》の姿《すがた》であると、お一人《ひとり》お一人を、合掌《がっしょう》する思いでお迎《むか》えしました。

アギへ　先生をはじめ、日本の皆《みな》さんが、最大《さいだい》に歓迎《かんげい》してくださったことを覚《おぼ》えています。

日本に着《つ》いてから、皆《みな》さんが、「セイジャン・ベンビンドス（ようこそ、いらっしゃいました）」「ボア・タルデ（こんにちは）」と、私たちの国の言葉《ことば》で、出迎《でむか》えてくださいました。私たちも何とか、温《あたた》かい歓迎《かんげい》の心に応《こた》えたいと思い、女子《じょし》部《ぶ》で日本語の歌の練習《れんしゅう》をしたのです。

鹿児島《かごしま》の空港《くうこう》から研修所《けんしゅうじょ》に着《つ》くまでのバスの中でも、何回《なんかい》も練習《れんしゅう》しました。歌は「瀬戸《せと》の花嫁《はなよめ》」でしたが、皆《みな》さんに大変《たいへん》に喜《よろこ》んでいただきました。

池田　ブラジルの人は、「コルジアオ（真心《まごころ》のある人）」と、よく讃《たた》えられる。日本のメンバーには、そんな皆《みな》さんの「真心《まごころ》」が伝《つた》わったのでしょう。

人間関係《かんけい》では何よりも「信頼《しんらい》」が第一《だいいち》

アギへ　霧島《きりしま》での研修会《けんしゅうかい》は、私の信心《しんじん》の原点《げんてん》になりました。そこで歌った「瀬戸《せと》の花嫁《はなよめ》」は、私にとっても、印象《いんしょう》に残《のこ》る歌でした。

というのも、ちょうどその時、結婚《けっこん》を親に反対《はんたい》されていて、悩《なや》んでいたからです。

理由《りゆう》は、相手《あいて》がブラジル人だからということでした。両親《りょうしん》は、生活習慣《しゅうかん》も文《ぶん》化《か》も違《ちが》うブラジルの人と結婚《けっこん》して、私が苦労《くろう》することを案《あん》じ、日系人《にっけいじん》との結婚を望《のぞ》んでいたのです。

そんなことがあって、日本に行く時も、両親《りょうしん》は見送《みおく》りに来てくれませんでした。

カマタ　そんなに反対《はんたい》されていたのですか。

さぞや、つらかったでしょう。

アギヘ　ええ。せっかく念願《ねんがん》かなって、日本に行けることになったというのに、少し悲《かな》しい思いで飛行機《ひこうき》に乗《の》ったのです。

そうして霧島《きりしま》に着いたら、池田先生が私たちに「本当《ほんとう》に遠《とお》い所《ところ》、よくいらっしゃいました。どうぞ、研修所《けんしゅうじょ》をわが家《や》だと思って、楽《たの》しく有意義《ゆういぎ》に過《す》ごしてください」と、呼《よ》びかけてくださって。

先生の温《あたた》かな心に包《つつ》まれて、胸《むね》の中のもやもやが、ぱっと晴《は》れ上《あ》がった感じがしました。

先生は、私たちの演技《えんぎ》一つひとつに、ポルトガル語で「オブリガード（ありがとう）」と言いながら、誰《だれ》よりも大きな拍手《はくしゅ》を送《おく》ってくださり、また、先生自《みずか》ら、ピアノまで披露《ひろう》してくださいました。

私にも、「とても、いい表情《ひょうじょう》をしているね」と声《こえ》をかけてくださって……。感動《かんどう》で、胸《むね》がいっぱいになりました。

信心《しんじん》を始《はじ》めて、明るくなった私ですが、今一歩《いまいっぽ》、自分《じぶん》に自信《じしん》がもてないという悩《なや》みをもっていました。でも、先生の言葉《ことば》を聞き、勇気《ゆうき》が湧《わ》きました。

日本に向《む》かった時の気分《きぶん》とは、打って変わって（笑い）、ブラジルに帰《かえ》る時には、何とも言えない晴《は》れやかな気持ちでした。

池田　それは、よかった。

日本の二十三倍《ばい》もの広さがあるブラジル――。その広大《こうだい》な地域《ちいき》で、ある時は、何日もかけて友《とも》のもとを訪《おとず》れ、励《はげ》ましながら、着実《ちゃくじつ》に妙法《みょうほう》を広げてきてくださった。本当《ほんとう》に尊《とうと》いことです。

そんな皆《みな》さんの、健気《けなげ》で純粋《じゅんすい》な信心《しんじん》を、私は讃《たた》えたかったのです。

ところで、アギヘさんの結婚話《けっこんばなし》はどうなりましたか（笑い）。

アギヘ　おかげさまで、帰国《きこく》したら、不思議《ふしぎ》と環境《かんきょう》が変わっていて、願《ねが》いどおり、意中《いちゅう》の人と結婚《けっこん》できるようになりました（笑い）。

それから夫《おっと》とともに、ブラジル広布《こうふ》のために、心を合わせて戦《たたか》ってきました。夫はブラジルＳＧＩで壮年《そうねん》部長を務《つと》めて、現在《げんざい》は総合《そうごう》壮年部長をさせていただいています。

カマタ　アギヘさんのご主人《しゅじん》、ローレンソ・アギヘさんは、実直《じっちょく》な方《かた》で、メンバーの間《あいだ》でもとても信頼《しんらい》の厚《あつ》い方《かた》です。

一九九三年、六代目の壮年《そうねん》部長に就任《しゅうにん》されましたが、それは、〝はじめてのブラジル人の壮年部長〟の誕生《たんじょう》でもあったのです。

入会《にゅうかい》は一九六八年。先《さき》ほど、アギヘさんが言われていたように、日本語で会《かい》合《ごう》が行《おこ》なわれていた時代に入会《にゅうかい》し、〝言葉《ことば》〟ではなく〝心〟で信心《しんじん》をつかんで、草創期《そうそうき》から一途《いちず》に活動《かつどう》に励《はげ》んでこられた方です。

青年部《せいねんぶ》時代には、牙城会《がじょうかい》（会館《かいかん》の警備《けいび》にあたるグループ）の委員長《いいんちょう》も務《つと》めていました。

仕事《しごと》でも、製紙《せいし》会社の部長として厚《あつ》い信頼《しんらい》を勝《か》ち得《え》て、職場《しょくば》の人たちに惜《お》しまれながら、ＳＧＩの職員《しょくいん》になった方《かた》なのです。

池田　そうですか。すばらしいご主人《しゅじん》によろしくお伝《つた》えください。

人間関係《かんけい》においては、何よりも「信頼《しんらい》」が第一《だいいち》です。どんなに遠回《とおまわ》りのように見えても、誠実《せいじつ》を貫《つらぬ》く中で築《きず》いた「信頼」が、最後《さいご》の最後まで残《のこ》るのです。

私も青年《せいねん》時代、戸田先生のもとで十年間、常《つね》に広布《こうふ》の外交戦《がいこうせん》の矢面《やおもて》に立ってきた。

「外交《がいこう》のできない人間は、深《ふか》い信頼《しんらい》はできない」――これが戸田先生の持論《じろん》でした。

そうした厳《きび》しさの中でしか、人間の地金《じがね》は磨《みが》かれないことを、繰《く》り返《かえ》し教えられた。

「苦労《くろう》しない人間に、いったい何ができるか。なんでもやっておくことだよ」と、深《ふか》き厳愛《げんあい》で、私を徹《てっ》して鍛《きた》えてくださった。今それが、全部《ぜんぶ》生きています。

本当《ほんとう》に、ありがたい師《し》でした。

地道《じみち》な実践《じっせん》を続《つづ》ける中でいつか必《かなら》ず大きな花が

カマタ　池田先生は、その「誠実《せいじつ》」の心で、世界《せかい》に友好《ゆうこう》の橋《はし》を架《か》けてこられましたが、その中には、かつて日本が侵略《しんりゃく》をしたアジアの国々《くにぐに》もありますね。
そうした国々《くにぐに》の人たちが、今、どれだけ池田先生に「信頼《しんらい》」を寄《よ》せておられるか——。かつて私は、それを目の当《ま》たり《あ》にする機会《きかい》に恵《めぐ》まれました。

一九九八年十一月、中国の南開《なんかい》大学から名誉《めいよ》教授《きょうじゅ》の称号《しょうごう》が先生に授与《じゅよ》される式典《しきてん》に、ブラジルSGIのタグチ理事長《りじちょう》とともに、参加《さんか》させていただいたのです。

南開《なんかい》大学は、周恩来総理《しゅうおんらいそうり》の母校《ぼこう》であり、中国屈指《くっし》の名門校《めいもんこう》の一つです。

その南開《なんかい》大学の方々《かたがた》が、本当《ほんとう》にうれしそうな笑顔《えがお》で、先生に名誉称号《めいよしょうごう》の証書《しょうしょ》を手渡《てわた》される光景《こうけい》を見ていて、私は、胸《むね》が熱《あつ》くなりました。

池田先生が「日中国交正常化《にっちゅうこっこうせいじょうか》」の提言《ていげん》をされたのは一九六八年、私が入会《にゅうかい》して四年目の頃《ころ》でした。

当時《とうじ》、誰《だれ》もそんなことを考える人はいなかっただけに、反発《はんぱつ》も多かった。にもかかわらず、先生は勇気《ゆうき》の提言《ていげん》をされた。

私も、その前年《ぜんねん》にブラジルに渡航《とこう》していただけに、〝世界平和《へいわ》の道を開《ひら》かれる、先生に続《つづ》きたい〟と決意《けつい》を新《あら》たにしたものです。

それから三十年が経《た》ち、中国の人々《ひとびと》が先生のことを中日友好《ちゅうにちゆうこう》の〝井戸《いど》を掘《ほ》った人〟として讃《たた》え、数多《かずおお》くの顕彰《けんしょう》を寄《よ》せている——。

周恩来総理の母校・南開《なんかい》大学から、「世界文明への貢献《こうけん》」等を讃《たた》え、SGI会長に名誉教授の称号《しょうごう》が贈られる（1998年11月、東京・渋谷区で）

私には、その姿《すがた》が、先生とブラジルとの関係《かんけい》に、二重写《にじゅううつ》しになったのです。

アギへ　本当《ほんとう》ですね。

ブラジルでも今、池田先生への顕彰《けんしょう》が相次《あいつ》いでいます。それだけでなく、牧口先生や戸田先生への顕彰も行《おこ》なわれています。

昔《むかし》では、とても考えられないことです。

先生が二度目の訪問《ほうもん》をされた一九六六年、ブラジルは軍政時代《ぐんせいじだい》に置《お》かれていて、どこに行っても警察《けいさつ》に行動《こうどう》が監視《かんし》されていたため、身動《みうご》きがとれなかったことがあったと、先輩《せんぱい》からうかがいました。

私が霧島《きりしま》に行った前年《ぜんねん》の七四年にも、先生がブラジル訪問《ほうもん》を予定《よてい》されていたのに、ビザがおりないために断念《だんねん》しなければならなかった……。

池田　そうでした。それで私は、せめてもと思い、翌年《よくねん》の七五年に、ブラジルの代表《だいひょう》の皆《みな》さんを日本にお招《まね》きしたのです。

アギへ　ありがとうございました。

18年ぶりにブラジルを訪れ、「第１回SGIブラジル大文化祭」の出席者を全力で激励《げきれい》（1984年２月、サンパウロ市で）

念願《ねんがん》かなって、池田先生をブラジルにお迎《むか》えできたのは、八四年でした。十八年ぶりのことです。

メンバーの喜《よろこ》びは、ひとしおでした。そこから、今のブラジルSGIの大発《だいはっ》展《てん》が始《はじ》まったのです。

長《なが》らくSGIは、〝共産主義《きょうさんしゅぎ》〟だとか、〝暴力宗教《ぼうりょくしゅうきょう》〟などとレッテルを貼《は》られ、こうした風評《ふうひょう》によって軍事政権《ぐんじせいけん》から圧迫《あっぱく》を受けた時期《じき》もありました。

しかし今、それをすべて乗《の》り越《こ》えて、「国をあげての反対《はんたい》」は、「国をあげての歓迎《かんげい》」へ大きく変わったのです。

池田　皆《みな》さんの尊《とうと》い社会貢献《こうけん》の行動《こうどう》は、世界の模範《もはん》です。ブラジル各界《かっかい》から贈《おく》られるすべての顕彰《けんしょう》も、皆《みな》さんを代表《だいひょう》し、お受けしているものです。

ブラジル初訪問《はつほうもん》から四十年――。ブラジルSGIの皆《みな》さんは、本当《ほんとう》によく頑《がん》張《ば》ってくださった。

今では、「困《こま》ったことがあれば、ブラジルSGIに相談《そうだん》を」「人々《ひとびと》に喜《よろこ》んでもらいたいと思ったら、ブラジルＳＧＩに相談を」と言われるほど、それぞれの地《ち》域《いき》で、絶大《ぜつだい》なる信用《しんよう》と称賛《しょうさん》を勝《か》ち得《え》ている。

「いつかは疑《うたが》いなく、大道《たいどう》へと広がるであろう小道《こみち》」――私の好《す》きな哲学者《てつがくしゃ》カント*3の言葉《ことば》です。

皆《みな》さんの日々《ひび》の実践《じっせん》の一つひとつは、地味《じみ》で目立《めだ》たないものかもしれない。しかし、それは必《かなら》ず、人々《ひとびと》を幸《しあわ》せにしていく「希望《きぼう》の大道《たいどう》」に広がっていくにちがいないのです。

子育ても、教育も同《おな》じです。子どもとの「信頼《しんらい》」を、こつこつと築《きず》き上《あ》げながら、大きな夢《ゆめ》をともに育てていく。子どもの可能性《かのうせい》の大地《だいち》を、力強く、時に優《やさ》しく耕《たがや》していく。それが何十年か先《さき》に、必《かなら》ず大きく花開《はなひら》いていくのです。

時間を超《こ》えて偉大《いだい》な力を発揮《はっき》する――それが愛情《あいじょう》の力、教育の力ではないでしょうか。

《注》

＊1　願兼於業

中国の妙楽《みょうらく》大師が法華経法師品《ほっしほん》の文を解釈した言葉で、「願《ねが》い、業《ごう》を兼《か》ぬ」と読む。修行の功徳によって安住《あんじゅう》の境涯《きょうがい》に生まれるべき者が、衆生を哀《あわ》れむがゆえに、自ら願って悪業《あくごう》をつくり、悪世に生まれて、民衆の苦悩を一身に引き受け、仏法を弘《ひろ》めることをいう。

＊2　御書

日蓮大聖人の論文や手紙などをまとめた書物（日蓮大聖人御書全集）のこと。

＊3　カント

一七二四～一八〇四。ドイツの哲学者。ケーニヒスベルク（現ロシア、カリーニングラード）に生まれ、終生《しゅうせい》この地で哲学研究に没頭《ぼっとう》。一七七〇年よりケーニヒスベルク大学教授。『純粋《じゅんすい》理性《りせい》批判《ひはん》』『実践《じっせん》理性批判』『判断力批判』等を著《あらわ》して、批判哲学を打ち立て、近代思想に大きな影響を与えた。

第5章

「育てる」は「喜《よろこ》び」！

ブラジル②

すべての人に学《まな》びの光を！
——ブラジル教育部の挑戦《ちょうせん》

池田　ブラジルでは、牧口先生の「創価教育学」が脚光《きゃっこう》を浴《あ》びていますね。

カマタ（ブラジルSGI主席副理事長）　そうなんです！「牧口教育プロジェクト」が、六十の学校で行《おこ》なわれています（二〇〇〇年六月時点。その後、百校に）。

これまでに、約四万人の子どもたちが、この教育を受けました。

アギへ（ブラジルSGI婦人部長）「子どもたちが明るくなる」だけでなく、「教《きょう》師《し》や親も元気になる」と評判《ひょうばん》です。

ブラジルSGIの教育部が、ボランティアでサポートしています。反響《はんきょう》を伝《つた》え聞いた学校関係者《かんけいしゃ》から「ぜひ、わが校にも教えてほしい」という申《もう》し出《で》が、後《あと》を絶《た》ちません。

池田　そうですか。うれしいことです。

牧口先生は生前《せいぜん》、一歩《いっぽ》も海外《かいがい》に出ることはありませんでした。

しかし今、日本とは地球《ちきゅう》の反対側《はんたいがわ》のブラジルで、牧口先生の教育思想《しそう》によって、生き生きと学《まな》んでいる子どもたちが、たくさんいる。その子らの姿《すがた》を、先生も大いに喜《よろこ》んでおられるにちがいないと思います。

ブラジルで「牧口教育プロジェクト」が始《はじ》まったきっかけは、何だったのでしょうか。

カマタ　スタートしたのは一九九四年です。それまで、ブラジルSGIの教育部は、「識字《しきじ》教育」の地道《じみち》なボランティア活動《かつどう》をしていました。

ブラジルの識字率《しきじりつ》は低《ひく》く、字を読めない人が二割《わり》を占《し》めています。字が読めないために、さまざまな苦労《くろう》をしている人は、本当《ほんとう》に多いのです。

そんな人たちのために、何かできないか——教育部では、さまざまな研究《けんきゅう》を重《かさ》ね、「四十時間」の授業《じゅぎょう》で、小学校四年生のレベルに達《たっ》するカリキュラムを作りました。

こうして一九八七年から、「識字教育《しきじ》」のプロジェクトが始《はじ》まりました。

アギへ　何十年ぶりかで、机《つくえ》に向かうお年寄《としよ》りの姿《すがた》もありました。

教育部のメンバーは、鉛筆《えんぴつ》の持ち方から、手取《てと》り足取《あしと》り、親身《しんみ》になって教えました。

そのなかに、経済的《けいざいてき》な理由《りゆう》と、また、町から遠《とお》く離《はな》れたところに住《す》んでいたため、ずっと勉強したくてもできなかった壮年《そうねん》がいました。

その方は四十四年ぶりに、念願《ねんがん》だった勉強をすることができたのです。

「識字《しきじ》教育」を終《お》えたあと、「飴《あめ》をもらった子どものように、うれしくてうれしくて仕方《しかた》ありません」と語《かた》り、覚《おぼ》えたばかりの字で、こんな詩《し》を作りました。

「ほこりをもって愛するところ
学《まな》び語《かた》り
ここよりすばらしいところはない

すべてを学ぶところ　学校
一日の終わりは　しあわせいっぱい
授業《じゅぎょう》のかえりは　なんとたのしや」

池田　「学《まな》ぶ」ことへの、素直《すなお》な喜《よろこ》びが表《あらわ》れていますね。「学《まな》びたくても学べなかった」人にとって、それが、どれほどうれしく、尊《とうと》いことか――。

今の日本のような恵《めぐ》まれた環境《かんきょう》にあっては、「自由《じゆう》に思う存分《ぞんぶん》、学《まな》べる」ことのすばらしさが、かえって分《わ》からなくなっています。

私が親交《しんこう》を結《むす》ばせていただいている、ブラジルの大詩人《だいしじん》、チアゴ・デ・メロ氏が日本に来られた時（九七年四月）、創価学園《がくえん》の生徒《せいと》たちに呼《よ》びかけた言葉《ことば》を思い起《お》こします。

「この地球《ちきゅう》では八億《おく》人もの子どもや大人《おとな》が、飢餓《きが》に襲《おそ》われています。文字《もじ》が読めない人も何億人《なんおくにん》もいます。だから皆《みな》さんが、どれほど恵《めぐ》まれているか、知ってほしいのです。

『恵《めぐ》まれている』ということは、『責任《せきにん》がある』ということです。

二十一世紀《せいき》には『空腹《くうふく》のあまり眠《ねむ》れない子ども』が一人《ひとり》も残《のこ》らないように！

『字を読めず、知性《ちせい》の光を手に入れられない大人《おとな》』が一人も残らないように！

そのために皆《みな》さんが貢献《こうけん》し、尽《つ》くしてほしいのです」と。

切々《せっせつ》たる訴《うった》えに、私は強《つよ》く打たれました。

すべての子どもたちが、楽《たの》しく学校に行って学《まな》べる社会を築《きず》くのが、私たち大人《おとな》の責任《せきにん》です。それは、牧口先生の切《せつ》なる願《ねが》いでもありました。

「戸田先生の願《ねが》い」は「私の願い」

創価教育学を世界へ！

カマタ　ブラジルＳＧＩの「識字《しきじ》教育」は、ブラジル教育省《きょういくしょう》の認定《にんてい》も受け、修了者《しゅうりょうしゃ》の中には、大学受験《じゅけん》に挑戦《ちょうせん》するまでになった人もいます。

今は、ＳＧＩの会館《かいかん》や、地域《ちいき》の学校を借《か》りるなど、ブラジル国内《こくない》十数カ所で行《おこ》なわれていますが、一番《いちばん》、最初《さいしょ》に会場《かいじょう》を提供《ていきょう》してくださったのが、サンパウロ州《しゅう》のカエタノ・デ・カンポス校でした。

校舎《こうしゃ》を外部《がいぶ》の団体《だんたい》に貸《か》すと、使い方が雑《ざっ》だったり、散《ち》らかしっぱなしだったりということが多かったそうなのですが、同校《どうこう》のセメジニ校長《こうちょう》は、ブラジルＳＧＩがきれいに後《あと》片《かた》づけをし、時間をきちんと守《まも》ることに、驚《おどろ》いたそうです。

また、誠実《せいじつ》で、礼儀正《れいぎただ》しいメンバーの振《ふ》る舞《ま》いにも感銘《かんめい》し、ＳＧＩに大きな信《しん》頼《らい》を寄《よ》せてくださるようになりました。

ちょうどその頃《ころ》、セメジニ校長《こうちょう》は、荒廃《こうはい》した校内《こうない》の雰囲気《ふんいき》を立《た》て直《なお》そうと苦《く》心《しん》しておられたのです。

そうしたなか、一九九四年四月に、『創価教育学体系《たいけい》』のポルトガル語版《ごばん》がブラジルで発刊《はっかん》されました。

ブラジル教育省《きょういくしょう》で、発刊記念会《きねんかい》が行《おこ》なわれました。

池田　ブラジルでの発刊《はっかん》は、私にとっても、うれしい出来事《できごと》でした。

「牧口先生の思想《しそう》を、全世界《ぜんせかい》に広めたい」というのが、戸田先生の願《ねが》いでした。

戸田先生は、牧口先生の十回忌《じっかいき》に、牧口先生の『価値論《かちろん》』を発刊《はっかん》し、それを英《えい》訳《やく》したものを、世界各国《せかいかっこく》の大学や研究所《けんきゅうじょ》に寄贈《きぞう》した。何としても、師匠《ししょう》の偉大《いだい》さを知らしめたい、との心だったのです。

「戸田先生の願《ねが》い」は、「私の願い」でもあります。

≡　ポルトガル語版《ごばん》『創価教育学体系《たいけい》』

ですから、英語版《えいごばん》に続《つづ》いて二カ国語目《こくごめ》となるポルトガル語版《ごばん》の『創価教育学体《たい》系《けい》』の発刊《はっかん》は、大きな喜《よろこ》びでした。

牧口先生、戸田先生が見られたならば、どれほどお喜《よろこ》びになられただろう。きっと、本に頬《ほお》ずりするほど、喜ばれたにちがいない——と感慨《かんがい》が込《こ》み上《あ》げてきました。

アギヘ　セメジニ校長《こうちょう》は、ポルトガル語版《ごばん》の『創価教育学体系《たいけい》』によって、牧口先生の教育思想《しそう》に初《はじ》めて出あいました。校長は、「これこそ、私が探《さが》し求《もと》めていたものだ！」と感じたそうです。

そして、ブラジルSGIの教育部に牧口教育学の導入《どうにゅう》を要請《ようせい》してこられ、九四年九月から、試験的《しけんてき》に「牧口教育プロジェクト」を実践《じっせん》するようになったのです。

カマタ　ブラジルでは、それぞれの学校が、自由《じゆう》に「プロジェクト」を行《おこ》なうことが認《みと》められています。

教師《きょうし》が一人《ひとり》で、もしくは何人かで、「ぜひ、やってみたい活動《かつどう》」を学校理事会《りじかい》に提案《ていあん》します。許可《きょか》が出れば、それを実行《じっこう》できます。

また、生徒《せいと》の側からも生徒会をとおして提案《ていあん》できます。

これにより、学校が特色《とくしょく》のある教育を行《おこ》なうことができるのです。つまり、あらかじめ決《き》められたカリキュラムだけにとらわれるのではなく、自由《じゆう》な発想《はっそう》で、教師《きょうし》や生徒《せいと》が望《のぞ》む教育が認《みと》められています。プロジェクトの善《よ》し悪《あ》しが、とても大切《たいせつ》になるのです。

ブラジル人の特色《とくしょく》の一つは、しきたりや先入観《せんにゅうかん》にしばられず、「よいものはよい」と積極的《せっきょくてき》に取《と》り入《い》れる柔軟性《じゅうなんせい》だと思います。

「楽《たの》しく学《まな》べる環境《かんきょう》」を第一《だいいち》の目的《もくてき》に

カマタ　「牧口教育プロジェクト」がスタートした九月は、ブラジルでは春《はる》の季《き》節《せっ》ですので、「プロジェクト・プリマヴェーラ（春）」という名前《なまえ》がつけられました。

池田　希望《きぼう》あふれるネーミングですね。

カマタ　ええ。事実《じじつ》、ブラジルの教育界《かい》に「春《はる》」を告《つ》げる画期的《かっきてき》なものでした。

今のブラジルの教育には、数々《かずかず》の問題《もんだい》があります。

文字《もじ》の読めない人が多《おお》いのも、その一つですが、背景《はいけい》には貧富《ひんぷ》の格差《かくさ》が大きいという現実《げんじつ》があるのです。

ブラジルには、ワーキング・チルドレン（働《はたら》く子どもたち）、ストリート・チルドレン（路上《ろじょう》で生活《せいかつ》する子どもたち）がたくさんいます。

貧《まず》しい地域《ちいき》では、学校に行かない子どもが多く、親《おや》もあまり教育熱心《ねっしん》ではありません。

「学校に行くより、お金を稼《かせ》いでほしい」と考えている人が多いのです。

なかには、勉強よりも給食《きゅうしょく》のほうが目当《めあ》てで、その時間だけ学校に来るという子もいます。

池田　以前（九九年一月）、ブラジリアのブアルケ元知事《もとちじ》とお会《あ》いしましたが、元知事は、ストリート・チルドレンの問題《もんだい》に取《と》り組《く》み、大きな成果《せいか》を上げた方《かた》でしたね。

多くの子どもたちが労働力《ろうどうりょく》として使《つか》われ、教育が受《う》けられない問題《もんだい》を解決《かいけつ》するため、「子どもが学校に登校《とうこう》すれば、その家庭《かてい》に、子どもの最低賃金分《さいていちんぎんぶん》の援助《えんじょ》を支給《しきゅう》する」という政策《せいさく》を行《おこ》なった。

この独創的《どくそうてき》な政策《せいさく》は、非常《ひじょう》に高い評価《ひょうか》を受《う》け、他《た》の州《しゅう》も採用《さいよう》し、ブラジル全土《ぜんど》で七十万人の子どもが学校に行けるようになったとうかがいました。

ブアルケ氏《し》は、知事《ちじ》の職《しょく》を離《はな》れた後《あと》も、世界中《せかいじゅう》を回《まわ》り、子どもたちの未来《みらい》のために行動《こうどう》を続《つづ》けています。

「私は、二十一世紀《せいき》を『すべての子どもたちが勉強できる世紀』にするために働《はたら》きます」と語《かた》っておられた、真剣《しんけん》なまなざしが忘《わす》れられません。

アギヘ　私も、ブラジルの未来《みらい》は教育にかかっていると思います。

先ほどのプロジェクトを始《はじ》めるにあたり、ブラジルSGIの教育部メンバーは、牧口先生の教育思想《しそう》を、現代《げんだい》のブラジルの社会で、いかに応用《おうよう》していくか、セメジニ校長《こうちょう》らとプランを練《ね》りました。

まず、「教育の目的《もくてき》は、子どもたちの幸福《こうふく》である」との牧口先生の根本思想《こんぽんしそう》から出発《しゅっぱつ》したのです。

子どもたちが学校に魅力《みりょく》を感じていない現状《げんじょう》を反省《はんせい》し、「子どもたちが楽《たの》しく学《まな》べる環境《かんきょう》をつくる」ことを第一《だいいち》の目的《もくてき》としました。

牧口先生が主張《しゅちょう》した、「楽《たの》しい授業《じゅぎょう》」「体験《たいけん》の重視《じゅうし》」「知識《ちしき》を詰《つ》め込《こ》むのでなく、自《みずか》ら学《まな》ぶ力をつけさせる教育」をどう実践《じっせん》できるかを議論《ぎろん》しました。

そして、考え出されたのが、「花・野菜栽培《やさいさいばい》教室」や「手作り工作《こうさく》教室」「創作《そうさく》劇《げき》」などだったのです。

カマタ　こう言うと、日本の方々《かたがた》は、何が特別《とくべつ》な授業《じゅぎょう》なのかと思われるかもしれませんが、ブラジルでは、もともと音楽《おんがく》や美術《びじゅつ》などの情操《じょうそう》教育がカリキュラムにはなく、こうした試《こころ》みを行《おこ》なうこと自体《じたい》、画期的《かっきてき》なことでした。

ブラジルの学校は、なにしろ生徒《せいと》の数《かず》が多く、午前《ごぜん》と午後《ごご》の二部制《にぶせい》や、一日四《よん》部制《ぶせい》の授業《じゅぎょう》で教室を回転《かいてん》させているところもあるくらいですから、授業の内容《ないよう》が限《かぎ》られることが多かったのです。

「牧口教育プロジェクト」では、親《おや》も巻《ま》き込《こ》んでの教育が行《おこ》なわれましたが、学校に来るのが初《はじ》めてという親御《おやご》さんばかりでした。

「子どもの教育は学校がするもの」というのが、一般的《いっぱんてき》なブラジル人の考え方だからです。

しかし、お母さんなどといっしょに作業《さぎょう》をする子どもたちの表情《ひょうじょう》は、本当《ほんとう》にうれしそうでした。

その姿《すがた》を見て、「子どもが、こんなに喜《よろこ》んでくれるなんて！」と親《おや》も元気《げんき》になるのです。

「教育革命《かくめい》」はまず「教師革命《きょうし》」から

池田　「親《おや》は教育を学校任《まか》せにしてはいけない。学校と協力《きょうりょく》して、子どもの教育に力を注《そそ》いでいくべきである」というのも、牧口先生の考えでした。

ブラジルのお隣《となり》の国、アルゼンチンのフローレス大学では、牧口先生の提言《ていげん》を、大学のモットーにしています。

いわく「教育は、家庭《かてい》と学校と地域《ちいき》社会の共同作業《きょうどうさぎょう》である」と。

同大学のケルテース学長《がくちょう》が来日《らいにち》された折《おり》（九九年一月）、「こんなにすばらしい現代的《げんだいてき》な教育思想《しそう》が、はるか七十年も前に生《う》み出《だ》されていたとは、本当《ほんとう》に衝撃《しょうげき》的《てき》な事実《じじつ》です」と語《かた》っておられた。

それはそれとして、日本では、家庭《かてい》の教育力《りょく》が失《うしな》われているばかりか、地域《ちいき》の教育力も目立《めだ》って低下《ていか》している。牧口先生の学説《がくせつ》は、まさに今こそ求《もと》められるものです。

アギヘ　そうですね。

カンポス校で、花壇《かだん》づくりに取《と》り組《く》み、モデル授業《じゅぎょう》をしたマリア先生は、言っていました。

「子どもたちは、生命が育《はぐく》まれていく様子《ようす》に興味津々《きょうみしんしん》でした。学校に来ることも楽《たの》しそうで、子どもの顔《かお》に喜《よろこ》びがあふれるようになりました。

学校教育に熱心《ねっしん》でなかった親《おや》たちの心も動かしました。何より驚《おどろ》かされたのは、子どもたちの学《まな》ぶ姿勢《しせい》がよくなり、成績《せいせき》が向上《こうじょう》したことです」と。

カマタ　授業《じゅぎょう》の様子《ようす》は、日本で出版《しゅっぱん》された『天から降《ふ》ってきた宝物《たからもの》』（明石要《あかしよう》一《いち》・中野晃男《てるお》編著《へんちょ》、潮出版社）という本でも紹介《しょうかい》されています。

このタイトルは、サンパウロ州《しゅう》の、ある学校の副校長《ふくこうちょう》が、「牧口教育プロジェクト」を讃《たた》えて言った言葉《ことば》です。

池田　「天から降《ふ》ってきた宝物《たからもの》」……。いい言葉《ことば》ですね。

牧口先生の教育思想《しそう》が、時代や文化の違《ちが》いを超《こ》えた、優《すぐ》れたものであることが、また一つ証明《しょうめい》されたと言えるでしょう。

いかにすばらしい理論《りろん》であっても、それを現実《げんじつ》に応用《おうよう》し、実践《じっせん》する「人」がいなければ、価値《かち》は生まれません。

その意味《いみ》で、ブラジルSGIの教育部の方々《かたがた》の尊《とうと》き社会貢献《こうけん》を、最大《さいだい》に称賛《しょうさん》したい。

アギへ　ありがとうございます。

中心者《ちゅうしんしゃ》の一人《ひとり》、ブラジルSGIのジルセ・イワモト総合《そうごう》教育部長は、各《かく》学校を訪《おとず》れては呼《よ》びかけたそうです。

「詰《つ》め込《こ》み教育は、子どもたちも、先生たちも、ほとほと疲《つか》れさせてしまいます。学校を〝病気《びょうき》〟にしてしまいます。

だから『記憶力《きおくりょく》の競争《きょうそう》』でなく『創造力《そうぞうりょく》の競争』をしましょう！子どもたちの『学《まな》びの心』の大地《だいち》を耕《たがや》しましょう！

それが牧口教育プロジェクトの目的《もくてき》です」と。

池田　学校の善《よ》し悪《あ》しを決《き》めるのは、校舎《こうしゃ》や設備《せつび》の立派《りっぱ》さではない。教師《きょうし》で決まります。

教師《きょうし》の「情熱《じょうねつ》」と「技術《ぎじゅつ》」が、教育の生命《いのち》と言える。

教育の危機《きき》を、社会や、子どものせいにしてはならない。それでは教師《きょうし》の敗北《はいぼく》です。大人《おとな》の無責任《むせきにん》です。

「教育革命《かくめい》」は、まず「教師《きょうし》革命」なのです。

牧口先生は青年《せいねん》時代、北海道《ほっかいどう》で辺地《へんち》教育に取《と》り組《く》み、東京では、恵《めぐ》まれない子どもの多い地域《ちいき》で、夜学校《やがっこう》の校長《こうちょう》も務《つと》められた。

また、子どもに教育を受けさせる土壌《どじょう》のないところでは、親《おや》の理解《りかい》を得《え》るため、一軒一軒《いっけんいっけん》、家庭訪問《かていほうもん》しては説得《せっとく》を重《かさ》ねました。

弁当《べんとう》を持参《じさん》できない子どものためには、自分《じぶん》の給料《きゅうりょう》を割《さ》いて、食事《しょくじ》を用意《ようい》された。

牧口先生は「民衆教育《みんしゅう》」の先駆者《せんくしゃ》であり、「人間愛《にんげんあい》の教育者」でした。

アギヘ　ブラジルには、「よい教育は、金貨《きんか》のようなもの。どこに行っても価値《かち》がある」という、ことわざがあります。牧口先生は、ブラジル、そして世界中《せかいじゅう》が模範《もはん》とすべき教育者だと思います。

一回の出会《であ》いをどこまで大切《たいせつ》にできるかが勝負《しょうぶ》

カマタ　私も一時期《いちじき》、教師《きょうし》をしていた経験《けいけん》がありますが、子どもの成長《せいちょう》にとって、「よき教師の存在《そんざい》」が大切《たいせつ》であると身《み》にしみて感じました。

前《まえ》にも、お話ししましたが、画家《がか》を目指《めざ》していた私は、北海道《ほっかいどう》教育大学の釧路《くしろ》分校《ぶんこう》に入学《にゅうがく》しました。美術科《びじゅつか》があったからです。三・四年の専門課程《せんもんかてい》で札幌《さっぽろ》分校に移《うつ》り、卒業《そつぎょう》しました。

池田　北海道《ほっかいどう》教育大学といえば、その前身《ぜんしん》は北海道尋常《じんじょう》師範《しはん》学校。牧口先生の

〝母校《ぼこう》〟ですね。

カマタ　はい。それが誇《ほこ》りです。

大学では、小学校と、中学・高校の美術《びじゅつ》の教員資格《きょういんしかく》をとり、画家《がか》になる夢《ゆめ》を抱《いだ》いて、一九六〇年に東京に出ました。

上京《じょうきょう》してから、創価学会に入会《にゅうかい》しました。

母は、私が高校生の時に入会《にゅうかい》していたのですが、私はまだだったのです。

東京では、画家《がか》を目指《めざ》す友人《ゆうじん》の中に信心《しんじん》している人が多く、彼《かれ》らから、確信《かくしん》あふれる話を聞いて入会《にゅうかい》しました。

今から考えると、やはり「母の祈《いの》り」だったと思います。

学会の中で、さまざまな人と触《ふ》れ合《あ》ううちに、「一流《いちりゅう》の画家《がか》になりたい」という私の祈《いの》りに、「世界広布《こうふ》のお役《やく》に立ちたい」という祈りが加《くわ》わりました。

海外雄飛《かいがいゆうひ》への思いが、しだいに大きくなり、ついに六七年、ブラジルに渡《わた》りました。

ちょうどその頃《ころ》、サンパウロで在留邦人《ざいりゅうほうじん》のための日本人学校をつくる準備《じゅんび》が進《すす》められており、教師《きょうし》を募集《ぼしゅう》していました。すでにブラジルに渡《わた》っていた高校時代の親友《しんゆう》の誘《さそ》いもあり、教員資格《きょういんしかく》を持っていた私は、まずそこで働《はたら》くことにしたのです。

池田　ブラジルで最初《さいしょ》に就《つ》いた仕事が、教師だったのですね。

カマタ　はい。私が教えたのは、小学生から中学生の二十八人でした。ほとんどの親《おや》は、仕事の関係《かんけい》で、一時的《いちじてき》にブラジルに来ている人たちでした。日本に帰《かえ》った後《あと》、子どもが勉強についていけるか、受験《じゅけん》や進路《しんろ》をどうするかなど、心配《しんぱい》している人が多かったようです。

子どもたちも、慣《な》れない環境《かんきょう》で、心が揺《ゆ》れているようでした。

少ない人数《にんずう》でしたので、勉強だけでなく、将来《しょうらい》のことや、人生《じんせい》のことなど、いろいろなことを語《かた》り合《あ》いました。ほとんどマンツーマン（一対一《いったいいち》）で教えました。私もまだ若《わか》かったので、皆《みな》、自分の 弟《おとうと》や 妹《いもうと》 のような気持ちで接《せっ》していました。

その子たちも、今は立派《りっぱ》に成長《せいちょう》し、現在《げんざい》も交流《こうりゅう》があります。私は、その後《ご》、教師《きょうし》をやめたのですが、彼《かれ》らは今でも私のことを「先生」と呼《よ》んでくれるんです。

池田　子どもにとって、先生はいつまでも「先生」ですね。

私も、小学校時代にお世話《せわ》になった先生方《がた》のことは、とくによく覚《おぼ》えています。

その一人《ひとり》に、桧山《ひやま》先生という人格者《じんかくしゃ》の先生がおられた。

後年《こうねん》、桧山《ひやま》先生のもとに同窓生《どうそうせい》が集《あつ》まる機会《きかい》が何度《なんど》かあったのですが、私は多忙《たぼう》のため、なかなか行くことができなかった。

クラスメートのみんなは、「池田君は、いつも来ないなあ」と言っていたそうですが、桧山《ひやま》先生は「池田君は、世界のために活躍《かつやく》しているんだよ。それが、私には一番《いちばん》、うれしい」と、おっしゃってくださったと聞きました。

アギへ　教え子《ご》のことを、本当《ほんとう》に理解《りかい》してくださっていたのですね。

池田　ありがたい先生でした。

教師《きょうし》にとって、一人《ひとり》の生徒《せいと》は、大勢《おおぜい》の中の一人かもしれない。

しかし、子どもにとっては、そうではない。学校の先生は、あまりにも大きい存在《そんざい》です。子どもの、その後《ご》の人生《じんせい》にも、大変《たいへん》な影響力《えいきょうりょく》を持っている。

ですから、一回の授業《じゅぎょう》、一回の出会《であ》いを、どこまで大切《たいせつ》にできるかが、教師《きょうし》にとっての勝負《しょうぶ》です。

私が親《した》しくさせていただいている、ブラジルの音楽家《おんがくか》、アマラウ・ビエイラ氏は、一回一回の演奏会《えんそうかい》を絶対《ぜったい》に手抜《てぬ》きしないことで有名《ゆうめい》ですが、こう言っておられた。

「公演《こうえん》に来てくれた人は、生涯《しょうがい》に一度しか会《あ》えない人々《ひとびと》だと思って臨《のぞ》んでいます。私の公演に『希望《きぼう》』を求《もと》めて聴《き》きに来る人もいる。だから真剣《しんけん》です」

私も、同じ思いで、人との出会《であ》いを大切《たいせつ》にしています。

アギへ　人々《ひとびと》を励《はげ》ますリーダーとして、また、母親として、心していきたいと思います。

多忙《たぼう》のなかでもたっぷりと子どもたちに愛情《あいじょう》を

カマタ　「母」といえば、日本から移住《いじゅう》した私が強く感じるのは、「ブラジルでは、お母さんを本当《ほんとう》に大切《たいせつ》にする」ということです。

また、家庭《かてい》での、お母さんの力はとても強い。

池田　それは、万国共通《ばんこくきょうつう》でしょう（笑い）。

カマタ　もちろん日本人もお母さんを大切《たいせつ》にしますが、それでも、ブラジル人の「母を尊敬《そんけい》する心」は、日本の十倍くらいあると思ったこともあります。

「母の日」には、成人《せいじん》して、すでに離《はな》れて暮《く》らしている子どもたちも、お母さんのもとに帰《かえ》り、家族《かぞく》みんなで祝《いわ》います。

ブラジル人は、よく贈《おく》り物《もの》をしますが、「母の日」には、皆《みな》、精《せい》いっぱいのプレゼントをお母さんに贈ります。

池田　アギヘさんには、「母の日」で、何か思い出に残《のこ》っていることはありますか。

アギヘ　そうですね……。次男《じなん》が初《はじ》めて給料《きゅうりょう》をもらった時、それを全額《ぜんがく》使《つか》って、「母の日」にダイヤをプレゼントしてくれたことがありました。

池田　それは、うれしかったでしょうね。

アギヘ　ええ、とても大切《たいせつ》な私の宝物《たからもの》です。

それと、こんな思い出深《ぶか》いことがありました。

次男《じなん》が大学受験《じゅけん》の時のことです。試験《しけん》が日曜日《にちようび》に予定《よてい》されていたのですが、私はその前日《ぜんじつ》、どうしてもブラジルＳＧＩの活動《かつどう》で、出かけなければなりませんでした。

本当《ほんとう》は家にいて、食事《しょくじ》をつくってあげて送《おく》り出《だ》したり、何かできることがあればしてあげようと思っていたのですが、私にはリーダーとしての責任《せきにん》がありました。

家を出る準備《じゅんび》をしながら、息子《むすこ》に「ごめんね。お母さんは、出かけなければいけないの」と声《こえ》をかけたら、こう言ってくれたんです。

「僕《ぼく》のことは心配《しんぱい》しなくていいよ。僕よりも、お母さんを必要《ひつよう》としている人がいるんだから、その人たちのところに行ってあげて」と。

池田　すばらしい息子《むすこ》さんだね。

アギヘ　息子《むすこ》の言葉《ことば》を聞いて、とても温《あたた》かい気持ちになりました。「よし、家族《かぞく》のためにも、頑張《がんば》ろう！」と家を出る足取《あしど》りが軽《かる》くなったものです。

池田　息子《むすこ》さんは、お母さんが日頃《ひごろ》、SGIの活動《かつどう》で、人々《ひとびと》のために尽《つ》くしている姿《すがた》を見ていたのでしょう。

子どもは、日頃の親《おや》の振《ふ》る舞《ま》いを映《うつ》す鏡《かがみ》です。

アギヘ　多忙《たぼう》な毎日でしたが、子どもたちには精《せい》いっぱいの愛情《あいじょう》を注《そそ》いできたつもりです。

朝、起《お》きた時、キス。

学校に行く時、キス。

夜、寝《ね》る時も、キス。

たっぷり、愛情《あいじょう》を表現《ひょうげん》してきました（笑い）。

皆《みな》、心優《こころやさ》しい子に育《そだ》ちました。

子育てで、とくに心がけてきたのは、「ＳＧＩのすばらしさ」を教えることです。

そしてもう一つ、これも大事《だいじ》なのですが、「夫《おっと》のいいところ」を、できるだけ聞かせるようにしたことです。

池田　すばらしいね。いいお母さんです。

壮年《そうねん》にとって、なによりも頼《たの》もしい。

ユゴー[*1]も、子どもの頃《ころ》、自分は〝三人の教師《きょうし》〟をもったと、詩《し》でうたっています。

〝庭《にわ》〟と、私塾《しじゅく》を開《ひら》いた〝老人《ろうじん》〟、そして〝母親〟です。文豪《ぶんごう》にとっても、何よりの教師《きょうし》はお母さんだったのでしょう。

アギヘさんのような女性《じょせい》を妻《つま》にもった、ご主人《しゅじん》は幸《しあわ》せ者《もの》ですね。

ブラジルには、「父の日」もありますか。

カマタ　あります。ただ、日本が六月なのと違《ちが》って、八月です。

しかし、「母の日」ほど盛大《せいだい》ではありません（笑い）。

ただ、ブラジルSGIのメンバーは少し違《ちが》います。

池田先生の入信記念日《にゅうしんきねんび》の八月二十四日が「壮年部《そうねんぶ》の日」ですので、いっしょに「父の日」を祝《いわ》うんです。

池田　ブラジルSGIの〝お父さんたち〟は、お祝《いわ》いも二倍《ばい》なんだね（笑い）。

人に「生きる喜《よろこ》び」を与《あた》えれば自分の心も豊《ゆた》かに

カマタ　ブラジルは、さまざまな困難《こんなん》を抱《かか》えています。しかし、ブラジル人は、逆境《ぎゃっきょう》にあっても、明るく、楽《たの》しく、生きていく術《すべ》を心得《こころえ》ています。日本のほうが経済的《けいざいてき》に豊《ゆた》かかもしれませんが、家族《かぞく》を愛し、「人生《じんせい》を楽《たの》しむ」ことにかけては、ブラジル人は天才的《てんさいてき》です。

アギヘ　ブラジル人は、とても家族《かぞく》を大切《たいせつ》にするのです。

池田　私も、ブラジルが大好《だいす》きです。

以前《いぜん》、ブラジルの青年《せいねん》と語《かた》り合《あ》った時に、「ブラジル人の好《す》きな言葉《ことば》」は何かを聞いてみました。

その青年《せいねん》は、少し考えてから「『希望《きぼう》』です」と答《こた》えました。

「希望《きぼう》」――ブラジルの言葉《ことば》で「エスペランサ」というそうですね。

カマタ　そうです。その言葉《ことば》は、ブラジルの国民性《こくみんせい》を象徴《しょうちょう》する言葉だと思います。

池田　子どもの教育においても、大切《たいせつ》なのは「希望《きぼう》」です。何があっても、未来《みらい》を信《しん》じて、頑張《がんば》り抜《ぬ》くことです。

希望《きぼう》が目の前になければ、自分で「希望」をつくり出すのです。

ところでブラジルといえば、ブラジル文学《ぶんがく》アカデミーのアタイデ総裁《そうさい》を思《おも》い起《お》こします。

九十四歳で亡《な》くなられるまで、人類《じんるい》の未来《みらい》のために戦《たたか》い続《つづ》けた「人権《じんけん》の闘士《とうし》」ですが、アタイデ総裁《そうさい》のお母さまも、大変《たいへん》、長生《ながい》きされ、十二人のお子さんを育《そだ》て上げたと、うかがいました。

カマタ　アタイデ総裁《そうさい》は、ブラジルの〝文化《ぶんか》の英雄《えいゆう》〟です。「世界人権宣言《せかいじんけんせんげん》」の起草《きそう》にも携《たずさ》わった総裁を、知らない人はいません。

今年（二〇〇〇年）、池田先生とアタイデ総裁《そうさい》の対談集《たいだんしゅう》（『二十一世紀の人権を語る』）のポルトガル語版《ごばん》がブラジルで発刊《はっかん》されましたが、その発刊記念式典《きねんしきてん》も盛大《せいだい》でした。

リオデジャネイロのブラジル文学《ぶんがく》アカデミー、首都《しゅと》ブラジリアの法務省《ほうむしょう》、サンパウロのラテンアメリカ記念館《きねんかん》と、由緒《ゆいしょ》ある会場《かいじょう》でそれぞれ行《おこ》なわれ、現在のアカデミー総裁《そうさい》、法務大臣《だいじん》、連邦議員《れんぽうぎいん》、そしてアタイデ総裁のご家族《かぞく》など、錚々《そうそう》たる列席者《れっせきしゃ》でした。

アギヘ　アタイデ総裁《そうさい》は九三年、池田先生のブラジル訪問《ほうもん》の際《さい》には、到着予定《とうちゃくよてい》時間の二時間も前から、空港《くうこう》でずっと先生を待《ま》っておられましたね。

池田先生が、ブラジル文学《ぶんがく》アカデミーの「在外会員《ざいがいかいいん》」に就任《しゅうにん》するために来られた時です。

先生が到着《とうちゃく》するや、がっちりと抱《だ》き合《あ》い、「池田会長《かいちょう》は、この世紀《せいき》を決定《けってい》づけた人です。戦《たたか》いましょう。二人で力を合わせ、人類《じんるい》の歴史《れきし》を変えましょう」と言われた。

池田SGI会長の手を取り、「人類《じんるい》の歴史《れきし》を変えましょう」と訴《うった》えかけるブラジル文学アカデミーのアタイデ総裁《そうさい》（1993年２月、リオデジャネイロ）

「これまで生きてきて、これほど『会《あ》いたい』と思った人は、初《はじ》めてです」とも語《かた》っておられました。

総裁《そうさい》が、いかに強く池田先生を求《もと》め、待《ま》っておられたのかと思い、深《ふか》く感動《かんどう》しました。

池田　立派《りっぱ》な方でした。決《けっ》して忘《わす》れられない方です。

アタイデ総裁《そうさい》は、お母さまについて、こう振《ふ》り返《かえ》っておられた。

「母をたくましくしたのは、十二人の子どもたちをはじめ、その倍以上《ばいいじょう》の数《かず》の孫《まご》や、見知《みし》らぬ他人《たにん》の子どもたちを育て、〝生きる喜《よろこ》び〟を与《あた》えることを、自分の最大《さいだい》の喜びとし続《つづ》けてきたからだと思います」

アギヘ　人を「育てる」時、人に「生きる喜《よろこ》びを与《あた》える」時、人間は強く生きられるのですね。

池田　「生きる喜《よろこ》び」が感じられない、と嘆《なげ》いている人を、時々《ときどき》、見かけます。しかし、本当《ほんとう》の喜びとは、人から与《あた》えられるものではない。自分でつくり出すものです。

貧《まず》しくても、家族《かぞく》が仲良《なかよ》く、ほがらかに人生《じんせい》を生ききっている人々もいる。

お金持《かねも》ちでも、孤独《こどく》に苦《くる》しみ、愚痴《ぐち》の人生《じんせい》を送《おく》っている人もいる。

環境《かんきょう》ではない。自分です。

どうすれば、自分の心が歓喜《かんき》で満《み》ちていくか。

それには、人に「生きる喜《よろこ》び」を与《あた》える自分になることです。子どもや、周囲《しゅうい》の人々に、喜びと希望《きぼう》を与えていけばいくほど、自分の心は豊《ゆた》かになっていく。

生き生きと弾《はず》んでいく。輝《かがや》いていく。

ブラジルの「たくましき楽観主義《らっかんしゅぎ》」を見習《みなら》って、明るく、楽《たの》しい人生を、自分自身《じしん》でつくっていきたいものです。

《注》

＊1　ユゴー

一八〇二〜八五。フランスの詩人・小説家・劇作家。フランス東部ブザンソン生まれ。ロマン主義運動の中心的存在として活躍《かつやく》。ナポレオン三世のクーデターに反対して十九年間の亡《ぼう》命《めい》生活を送る。作品に『ノートル＝ダム・ド・パリ』『レ・ミゼラブル』『九十三年』『懲罰《ちょうばつ》詩集』ほか多数。

第6章

未来《みらい》を見つめる子どもの目

ブラジル③

大きな反響《はんきょう》を呼《よ》んだ「世界の少年少女絵画展《かいがてん》」

アギへ（ブラジルSGI婦人部長）『聖教新聞《せいきょうしんぶん》』で連載《れんさい》されている池田先生の小説《しょうせつ》「新・人間革命《かくめい》」が、ブラジルでも翻訳《ほんやく》され、メンバーは大喜《おおよろこ》びです。

第十一巻の「暁光《ぎょうこう》」の章《しょう》では、二度目のブラジルご訪問《ほうもん》（一九六六年三月）の様子《ようす》が綴《つづ》られています。

軍事政権《ぐんじせいけん》の厳《きび》しい監視《かんし》の中、先生がどれほどの思いでブラジル広布《こうふ》の道《みち》を開《ひら》かれたのか、改《あらた》めて知りました。

私の入会《にゅうかい》は翌年《よくねん》の六七年でしたので、今一度、しっかり学《まな》んでいこうと決意《けつい》しています。

カマタ（ブラジルSGI主席副理事長）私がブラジルに渡《わた》ったのも、同じく六七年のことでした。

当時《とうじ》の話は、よく先輩《せんぱい》から聞きましたが、その後のブラジルＳＧＩの大発展《だいはってん》に、感慨無量《かんがいむりょう》です。

今、ブラジルでは、牧口初代《しょだい》会長や戸田第二代会長の名《な》を冠《かん》した「通《とお》り」や、池田先生の名を冠した「公園《こうえん》」が誕生《たんじょう》しています。

また、池田先生の哲学《てつがく》とＳＧＩの平和行動《こうどう》に共鳴《きょうめい》してのブラジル各界《かっかい》からの顕彰《けんしょう》は、百五十を超《こ》えました。

池田　こうした栄誉《えいよ》はすべて、ブラジルＳＧＩの皆《みな》さん方《がた》が勝ち取った「社会の信頼《しんらい》の証《あかし》」です。

皆《みな》さんの日頃《ひごろ》の誠実《せいじつ》な行動《こうどう》が評価《ひょうか》され、

結晶《けっしょう》したものにほかなりません。

また、牧口先生と戸田先生の偉大《いだい》さが理解《りかい》され、これほどうれしいことはない。本当《ほんとう》に感謝《かんしゃ》しています。

先日《せんじつ》（二〇〇〇年六月）も、来日《らいにち》されたマリンガ市のジアノット市長《しちょう》一行《いっこう》と、創価大学でお会《あ》いしました。

光栄《こうえい》にも、名誉市民称号《めいよしみんしょうごう》の授賞式《じゅしょうしき》をしていただきましたが、市長《しちょう》は「平和の建設《けんせつ》、環境《かんきょう》の保護《ほご》、そして世界の人々《ひとびと》の幸福《こうふく》のために戦《たたか》うことは、あまりにも大きな労苦《ろうく》を伴《ともな》う仕事です」と述《の》べておられた。

皆《みな》さんの社会貢献《こうけん》の姿《すがた》を讃《たた》えた言葉と、受け止めました。

アギへ　ありがとうございます。うれしいです。

パラナ州《しゅう》にあるマリンガ市は、ブラジル屈指《くっし》の「教育都市《とし》」として有名《ゆうめい》です。財政《ざいせい》の四割《わり》近くを、教育や青少年育成《せいしょうねんいくせい》の事業《じぎょう》にあてていることでも知られています。

カマタ　その陣頭《じんとう》に立つジアノット市長《しちょう》が、ＳＧＩの活動《かつどう》に着目《ちゃくもく》されたきっかけは、九九年五月にマリンガ市で行《おこ》なわれた「ブラジルと世界の少年少女絵画《かいが》展《てん》」でした。

市長《しちょう》は、絵画展《かいがてん》の趣旨《しゅし》にすぐさま賛同《さんどう》してくださり、行事《ぎょうじ》の企画会議《きかくかいぎ》にも自《みずか》ら参加《さんか》されるほどでした。

絵画展《かいがてん》は市の公認行事《こうにんぎょうじ》となり、開幕式《かいまくしき》にはカルドーゾ大統領《だいとうりょう》からも、祝福《しゅくふく》のメッセージが寄《よ》せられました。

ブラジルでの絵画展《かいがてん》は、九四年にサンパウロでスタートして以来《いらい》、これまで三十六都市《とし》で開催《かいさい》され、のべ二百万人の市民《しみん》が鑑賞《かんしょう》しています。

〝コーヒーの都《みやこ》〟として有名《ゆうめい》なロンドリーナ市では、市内外《ないがい》の小・中学校が連《れん》日《じつ》、バスを連《つら》ねて会場《かいじょう》を訪《おとず》れるほどでした。会場から七十キロも離《はな》れた学校を含《ふく》め、二百五十校もの生徒《せいと》たちが鑑賞《かんしょう》しました。

池田　大変《たいへん》な反響《はんきょう》ですね。

絵画展《かいがてん》は、世界の子どもたちの心を絵で結《むす》び、互《たが》いの文化への理解《りかい》を深めながら、「平和の心」を育《はぐく》むことを目指《めざ》して、私が提案《ていあん》したものでした。

韓国《かんこく》や香港《ホンコン》でも創価芸術展《そうかげいじゅってん》が開催《かいさい》されました。創価小学校と北京《ペキン》第一実験《じっけん》小学校との絵画《かいが》の交流《こうりゅう》も行《おこな》われました。

子どもは〝人類《じんるい》の宝《たから》〟です。

未来《みらい》を真剣《しんけん》に考えるならば、たえず子どもたちに目を向けていきたいものです。長い道程《みちのり》のように思えるかもしれませんが、十年、二十年経《た》てば、今の子どもたちが家庭《かてい》をつくり、社会を担《にな》う立場《たちば》になっていく。

また、子どもたちの心は感受性《かんじゅせい》に富《と》んでいて、すべてに吸収《きゅうしゅう》するのが早い。人間として大切《たいせつ》な要素《ようそ》を、子どものうちに身《み》につけていける社会でありたいものです。

絵画展《かいがてん》は、ユネスコ（国連教育科学文化機関《きかん》）などの後援《こうえん》を得《え》て、日本でスタートした時から、とても好評《こうひょう》でした。

ブラジルでの絵画展《かいがてん》への関心《かんしん》は、想像以上《そうぞういじょう》に高かったようですね。

アギへ　子どもたちの絵が一堂《いちどう》に展示《てんじ》されていること自体《じたい》、ブラジルでは新鮮《しんせん》な出来事《できごと》だったからだと思います。

私が小学校の教師《きょうし》をしていた時も、そうだったのですが、ブラジルの学校では「美術教育《びじゅつ》」が義務《ぎむ》づけられていません。

前《まえ》に、お話ししたように、多くの学校が午前《ごぜん》と午後《ごご》の「二部制《にぶせい》」となっていて、時間的な余裕《よゆう》があまりないのです。ですから、子どもたちが絵を描《か》く機会《きかい》が少なく、その絵を展示《てんじ》することなど、ほとんど考えられませんでした。

子どもを語《かた》ることは未来《みらい》を語ること

カマタ　絵画展《かいがてん》の開催《かいさい》に当たって、私たちは、世界百八カ国・地域《ちいき》の子どもたちの絵に加《くわ》え、新《あら》たにブラジルの子どもたちの絵を集《あつ》めて展示《てんじ》しようと企画《きかく》しました。

しかし、ブラジルでそうした絵を集《あつ》めることは、簡単《かんたん》なことではありません。そこで私たちは、具体的《ぐたいてき》な計画《けいかく》をまとめた上で、ブラジル教育省《しょう》に相談《そうだん》に行きました。

幸《さいわ》い、私たちの情熱《じょうねつ》が伝《つた》わり、話し合いはスムーズに進《すす》んで、全面的協力《ぜんめんてききょうりょく》を得《え》ることができました。識字《しきじ》教育の推進《すいしん》などを通《つう》じて培《つちか》った信頼関係《しんらいかんけい》も役《やく》立《だ》ったと思います。

その結果《けっか》、ブラジルの五十都市《とし》の小・中学校から五百三十点の作品《さくひん》を集《あつ》めることができたのです。

これらの絵は「ブラジル・コーナー」として、テーマ別《べつ》、地域《ちいき》別に展示《てんじ》され、ひときわ市民《しみん》の注目《ちゅうもく》を集《あつ》めました。

池田　それは何よりも、子どもたちにとって〝よい機会《きかい》〟になりましたね。

絵を描《か》くことは、国語《こくご》や算数《さんすう》といった他《ほか》の勉強《べんきょう》とは違《ちが》った意味《いみ》がある。美術《びじゅつ》などの情操《じょうそう》教育は、子どもの創造力《そうぞうりょく》や感受性《かんじゅせい》を育《はぐく》んでいく面《めん》で重要《じゅうよう》なものです。

教育には「教える」と「育《はぐく》む」という二つの役割《やくわり》がありますが、子どもが自分で羽《は》ばたく力を養《やしな》うためには、「育む」という作業《さぎょう》が欠《か》かせません。

牧口先生も、「子どもが生涯幸《しょうがいしあわ》せになっていくための教育は、子どもたちの直感的《ちょっかんてき》な感覚《かんかく》を養《やしな》い、価値創造《かちそうぞう》の能力《のうりょく》を開発《かいはつ》していくところに本義《ほんぎ》がある」と述《の》べられています。

また、教育の柱《はしら》の一つとして「美育《びいく》（美的価値《びてきかち》を創造《そうぞう》し、追求《ついきゅう》する教育）」を挙《あ》げられていました。

こうした教育的側面《そくめん》に加《くわ》えて、〝絵《え》を描《か》く喜《よろこ》び〟を子どもたちが体験《たいけん》することの意義《いぎ》は大きかったのではないでしょうか。

カマタ　そうなんです。

ブラジル全土《ぜんど》から続々《ぞくぞく》と届《とど》く絵を手に取《と》るたびに、子どもたちのはずんだ息《いき》づかいが伝《つた》わってくるようでした。

絵を描《か》くのが何よりも大好《だいす》きだった、自分《じぶん》の子ども時代の思い出が蘇《よみがえ》ってきて、何やら懐《なつ》かしい思いがしたものです。

初《はじ》めての開催《かいさい》となったサンパウロ展《てん》での開幕式《かいまくしき》には、ヒンゲル教育大臣《だいじん》が、ブラジリアからわざわざ駆《か》けつけ、スピーチをしてくださいました。

「子どものことを語《かた》ることは、未来《みらい》を語ることです。しかし、口で語る人はいても行動《こうどう》することは少ない。その中にあって、ブラジルSGIは、私たちに行動をもって教育の大切《たいせつ》さを示《しめ》してくれました」

「子どもたちには、秘《ひ》められた力《ちから》がある。しかし、その力をなかなか引き出せないのが現実《げんじつ》です。これを引き出してくれたのも、ブラジルSGIなのです」

池田　識字《しきじ》教育や牧口教育プロジェクト。そして、画期的《かっきてき》な子どもたちの絵画《かいが》展《てん》……。皆《みな》さんの献身的《けんしんてき》な取《と》り組《く》みが、ブラジルの教育界《かい》や、社会全体《ぜんたい》に大きな波動《はどう》を広げている。すばらしいことです。

哲人《てつじん》アリストテレス*1が訴《うった》えていたように、古代《こだい》ギリシャの時代から、国家《こっか》の事業《じぎょう》として「教育」に力《ちから》を注《そそ》ぐことの大切《たいせつ》さは、言われてきました。

しかし、それ以上《いじょう》に大切《たいせつ》なのは、人々が自《みずか》ら「教育」に取《と》り組《く》み、社会をよりよいほうへ導《みちび》いていく行動《こうどう》です。

牧口先生以来《いらい》、SGIが進めてきた教育運動の焦点《しょうてん》も、その「教育のための社会」の実現《じつげん》にある。今、世界でその先駆《せんく》を切《き》っておられるのが、ブラジルSGIの皆《みな》さんです。

使命《しめい》に生《い》き抜《ぬ》く時　すべてが意味《いみ》をもってくる

池田　ところで、ブラジルの子どもたちの絵は、他《ほか》の国のものと比べて、何か特《とく》色《しょく》がありましたか。

アギへ　これは私の印象《いんしょう》ですが、木々《きぎ》の緑《みどり》や川や海、太陽《たいよう》といった自然《しぜん》を描《えが》いたものが多かったと思います。

アマゾンに浮《う》かぶカヌーの絵や、広い牧場《ぼくじょう》で馬《うま》がたわむれる絵など、豊《ゆた》かな大自然《だいしぜん》の中で伸《の》び伸《の》びと育っている様子《ようす》がうかがえました。

また、ブラジルらしいなと感じたのは、サッカーの選手《せんしゅ》になって世界で活躍《かつやく》する夢《ゆめ》を描《えが》いた男の子たちの絵でした。

それと、家族《かぞく》を描《えが》いた絵も多かったですね。

なかには、木よりも家族《かぞく》の姿《すがた》が大きく描《えが》かれている絵もあって、家族を大切《たいせつ》にするブラジルのよき伝統《でんとう》を感じさせました。

ただ気になったのは、環境《かんきょう》破壊《はかい》を心配《しんぱい》している絵や、強盗《ごうとう》に拳銃《けんじゅう》を突《つ》きつけられている絵など、今の社会に対《たい》する不安《ふあん》を浮《う》き彫《ぼ》りにした絵がいくつか見られたことです。

カマタ　ブラジルには戦争《せんそう》こそありませんが、子どもたちが安心《あんしん》して暮《く》らせる社会にするための課題《かだい》は、まだまだあります。

ブラジルで22都市目の開催《かいさい》となったパラナ州・マリンガ市での絵画展（1999年５月）には多数の市民・来賓《らいひん》が鑑賞《かんしょう》に訪れた

先《さき》ほどのジアノット市長《しちょう》が、マリンガ市での絵画展《かいがてん》の開幕式《かいまくしき》で言っていました。

「展示作品《てんじさくひん》を通《つう》じて、私たちは、子どもたちの夢《ゆめ》を見ることができます。私たちは、それによって、これから何をなすべきかを考えさせられます。大人《おとな》の責任《せきにん》、願《ねが》いとは、彼《かれ》らの希望《きぼう》を実現《じつげん》し、すばらしい未来《みらい》を残《のこ》すことであり、彼らを幸福《こうふく》にすること以外《いがい》にないからです」

池田　心しておかねばならない言葉《ことば》だと思います。

子どもたちの幸福《こうふく》を第一《だいいち》に考えよ！――これは、牧口先生が強調《きょうちょう》されていた点でもありました。

市長《しちょう》が言われたように、絵は子どもたちの心の中を映《うつ》し出《だ》す〝鏡《かがみ》〟です。うれしかったこと、楽《たの》しかったこと、つらかったことなど、子どもたちが感じたことが、素直《すなお》に表現《ひょうげん》されている。

絵には、〝子どもたちの現在《げんざい》〟がそのまま投影《とうえい》されています。

そして、子どもたちの感性鋭《かんせいするど》い目は、〝社会の未来《みらい》〟をも、しっかり捉《とら》えているのです。

絵画展《かいがてん》は、子どもたちの豊《ゆた》かな心を育《はぐく》むことはもちろん、もう一つ、大事《だいじ》な面《めん》があると言えるでしょう。

絵をとおし、「大人《おとな》たちの目を、子どもたちが置《お》かれている状況《じょうきょう》に向けさせること」であり、「子どもたちが何を求《もと》め、何を望《のぞ》んでいるのかを、大人《おとな》たちに気づかせること」にあると、私は思うのです。

カマタ　大人《おとな》の責任《せきにん》は重《おも》いですね。

絵画展《かいがてん》に訪《おとず》れた多くの識者《しきしゃ》の方々《かたがた》も、〝こうした機会《きかい》を設《もう》けてくれたブラジルSGIに感謝《かんしゃ》したい〟と口々《くちぐち》に語《かた》っておられました。

絵画展《かいがてん》の大成功《だいせいこう》は、私個人《こじん》にとっても、うれしい出来事《できごと》でした。

前にもお話ししましたが、画家《がか》を志《こころざ》していた私は、世界で絵を本格的《ほんかくてき》に勉強《べんきょう》したいと思い、ブラジルに渡《わた》りました。

絵を通《つう》じて広宣流布《こうせんるふ》のお役《やく》に立ちたいというのが、若《わか》い時からの願《ねが》いでした。しかし、ブラジルSGIで男子部長《だんしぶちょう》という責任《せきにん》ある立場《たちば》を担《にな》うようになり、私は題目《だいもく》をあげ抜《ぬ》いて、一つの決断《けつだん》をしました。

それは、絵の世界ではなく、広布《こうふ》の舞台《ぶたい》に人生《じんせい》のすべてを懸《か》けようというものでした。

それが時を経《へ》て、思いがけず絵画展《かいがてん》の運営《うんえい》に携《たずさ》わらせていただきました。うれしさでいっぱいです。

池田　使命《しめい》に生《い》き抜《ぬ》く時、すべてが意味《いみ》をもってきます。あらゆる経験《けいけん》は生かされ、願《ねが》いはかなっていく——これが、仏法《ぶっぽう》の偉大《いだい》な力《ちから》です。

カマタさんも、長い間《あいだ》の夢《ゆめ》が一つの実《み》を結《むす》んで、本当《ほんとう》によかったですね。

戸田先生が、創価学会で御書《ごしょ》を発刊《はっかん》するという大事業《だいじぎょう》を成就《じょうじゅ》された時に、こうおっしゃっておられたことが忘《わす》れられない。

「今になって不思議《ふしぎ》に思うことは、私が二十有余年《ゆうよねん》、出版事業《しゅっぱんじぎょう》の経験《けいけん》をつんできたことだ。

この過去《かこ》の長い経験《けいけん》が、この御書一冊《ごしょいっさつ》を作《つく》るためにあったのかと、思いあたり、痛感《つうかん》する。私の生きてきた道を、実《じつ》に不思議《ふしぎ》に思うばかりです」と。

仏法《ぶっぽう》の功徳《くどく》には、すぐに目に見える形《かたち》で叶《かな》う「顕益《けんやく》*2」と、草木《くさき》が次第《しだい》に生《お》い茂《しげ》っていくように知らず知らずのうちに所願満足《しょがんまんぞく》の人生《じんせい》を切《き》り開《ひら》いていく「冥《みょう》益《やく》*2」とがある。

日蓮大聖人《にちれんだいしょうにん》は、この「冥益《みょうやく》」こそが大切《たいせつ》であると仰《おお》せになっています。

純粋《じゅんすい》に信心《しんじん》を貫《つらぬ》いていく限《かぎ》り、すべてに無駄《むだ》はない。強き心で「使命《しめい》の道」を一歩《いっぽ》ずつ前に進《すす》んでいけば、どんな経験《けいけん》も大きく花開《はなひら》き、人生《じんせい》を彩《いろど》る糧《かて》となっていくのです。

後継者《こうけいしゃ》を育てる心が幸《しあわ》せへの道に

アギへ　今、うかがっていて、子育てにも通《つう》じる話と思いました。

私には三人の子どもがいますが、一人《ひとり》ひとり、それなりに苦労《くろう》がありました。

今では笑《わら》い話《ばなし》のようなことでも、その時は真剣《しんけん》に思い悩《なや》みました。

〝悩《なや》みにぶつかっては祈《いの》り、祈っては乗《の》り越《こ》える〟という繰《く》り返《かえ》しでした。三人とも、広布《こうふ》の庭《にわ》で元気《げんき》に頑張《がんば》っています。

長男《ちょうなん》のクリスチアーノは、会社で働《はたら》きながら夜《よる》は大学で経営学《けいえいがく》を学《まな》んでおり、男子部《だんしぶ》では、地区《ちく》リーダーをしています。

次男《じなん》のヒカルドも、昼《ひる》はコンピューター技師《ぎし》として働《はたら》き、夜《よる》はサンパウロ大学の物理学部《ぶつりがくぶ》で学《まな》んでいます。男子部《だんしぶ》の副部長《ふくぶちょう》として、創価班《そうかはん》（会合運営《かいごううんえい》を支《ささ》える男子部のグループ）の活動《かつどう》もさせていただいています。

長女《ちょうじょ》のヘナタは、ジャーナリストになるのが夢《ゆめ》で、今は大学受験《じゅけん》の勉強《べんきょう》に励《はげ》んでいます。女子部《じょしぶ》では地区《ちく》リーダーとして、また白蓮《びゃくれん》グループ（会合運営《かいごううんえい》を支《ささ》える女子部のグループ）の一員《いちいん》でもあります。

池田　皆《みな》さん、立派《りっぱ》に成長《せいちょう》されているね。

アギへさんの信心《しんじん》の勝利《しょうり》の証《あかし》です。

二人《ふたり》の息子《むすこ》さんは、働《はたら》きながら学《まな》んでおられるそうですが、そうした経験《けいけん》も必《かなら》ず将来《しょうらい》の〝財産《ざいさん》〟になっていくにちがいありません。

私も若《わか》い頃《ころ》、働《はたら》きながら夜学《やがく》で学《まな》んだものでした。人間、苦労《くろう》して学んだことしか血肉《ちにく》にならないものです。

また、人一倍《ひといちばい》の苦労《くろう》をすればこそ、人の痛《いた》みが分《わ》かる人間になれる。何《なん》の苦労《くろう》もせず、人の心が分《わ》からないままで、社会の本物《ほんもの》のリーダーになることなどできません。

カマタ　ブラジルでは、社会に出て働《はたら》きながら大学で学《まな》ぶ人たちが多く、とてもよいことだと思います。

学問《がくもん》を修《おさ》めるためではなく、仕事《しごと》に関係《かんけい》する分野《ぶんや》をより深《ふか》く学《まな》ぶために大学に通《かよ》う場合《ばあい》が少《すく》なくありません。学ぶ姿勢《しせい》も、真剣《しんけん》です。

ブラジルSGIの青年部《せいねんぶ》にも、そういったメンバーがたくさんいます。

アギへ　この前も息子《むすこ》たちに、「仕事《しごと》と勉強《べんきょう》と活動《かつどう》で大変《たいへん》だと思うけど、大丈夫《だいじょうぶ》？」と声をかけたら、思いがけない言葉《ことば》が返《かえ》ってきました。

「心配《しんぱい》いらないよ。しっかり結果《けっか》が出せるよう成長《せいちょう》するよ。僕《ぼく》たちは、すばらしい仏法《ぶっぽう》を信《しん》じているんだから」と。

その気持《きも》ちがうれしくて……、思わず涙《なみだ》があふれました。

小さな頃《ころ》から、『少年《しょうねん》と桜《さくら》』など池田先生の創作童話《そうさくどうわ》を読み聞かせては、先生やSGIのことを話してきました。

三人の子どもたちが使命《しめい》を果《は》たせるよう、毎日《まいにち》、夫《おっと》とともに真剣《しんけん》に祈《いの》っています。

池田　すばらしいことです。後継者《こうけいしゃ》を大切《たいせつ》に育てていこうという心が大切です。その心があれば、幸《しあわ》せへの道につながっていく。

絵画《かいが》といえば、ブラジルが誇《ほこ》る「サンパウロ美術館《びじゅつかん》」が、世界五大《ごだい》美術館の一つになったのは、創立者《そうりつしゃ》シャトーブリアン[*3]の心による、と言われている。サンパウロ美術館《びじゅつかん》の創立《そうりつ》は、第二次《だいにじ》世界大戦《たいせん》の直後《ちょくご》で、社会がまだ混乱《こんらん》していた時代だった。

そのなかで、彼《かれ》はブラジルの未来《みらい》を見据《みす》えて、「見向《みむ》きもされない事業《じぎょう》に、私は着手《ちゃくしゅ》しよう」と、挑戦《ちょうせん》を始《はじ》めたのです。

シャトーブリアンは理想《りそう》の実現《じつげん》のために、どんどん青年《せいねん》を登用《とうよう》し、責任《せきにん》ある立場《たちば》で活躍《かつやく》させた。

彼《かれ》は、「私の使命《しめい》は、自分《じぶん》が人々をリードしていくことではない。人々をリードしていく指導者《しどうしゃ》を育てることである」と言っている。

私も、同じ思いを抱《いだ》きながら、青年《せいねん》の成長《せいちょう》に、心をくだいてきました。結局《けっきょく》は、青年を大切《たいせつ》にし、育てたところが未来《みらい》に伸《の》びていくのです。

師《し》の戸田先生が、広布《こうふ》の運動《うんどう》を青年《せいねん》に託《たく》したからこそ、現在《げんざい》のSGIがある。未来《みらい》も同じです。

真心《まごころ》に応《こた》え

祈《いの》り抜《ぬ》いた婦人《ふじん》の決意《けつい》

カマタ　青年部《せいねんぶ》時代、池田先生からいただいた励《はげ》ましが、心の支《ささ》えになっています。

一九七四年、入国《にゅうこく》ビザがおりなかったために、先生の三度目の訪問《ほうもん》が中止《ちゅうし》になった時、私はブラジルSGIで男子部長《だんしぶちょう》をしていました。

当時《とうじ》、私は失業中《しつぎょうちゅう》で、一番苦《いちばんく》しい時期《じき》でした。そのなかで、先生をお迎《むか》えする文化祭《ぶんかさい》の準備《じゅんび》に当たっていました。

訪問中止《ほうもんちゅうし》の連絡《れんらく》を聞いた時は、さすがに力《ちから》が抜《ぬ》けるような思いがしました。でも、〝私が落胆《らくたん》していたら、誰《だれ》がメンバーを励《はげ》ますのか〟と気を取《と》り直《なお》しました。そして、青年部《せいねんぶ》を代表《だいひょう》する思いで決意《けつい》を記《しる》し、ペルーへ向《む》かわれた先生のもとへ手紙《てがみ》を送《おく》りました。

すぐに、ご返事《へんじ》をいただきました。先生は、ペルーの文化祭《ぶんかさい》で使用《しよう》された胸章《きょうしょう》と、和歌《わか》を一首《いっしゅ》くださいました。

池田　あの時は、残念《ざんねん》でした。ぎりぎりまでアメリカで待《ま》っていたのですが、ビザがおりず、日程《にってい》を変《か》えざるをえなかった。

電話《でんわ》でサイトウ理事長《りじちょう》を激励《げきれい》した後《あと》も、ブラジルでの文化祭《ぶんかさい》が成功《せいこう》するよう、マリブの地《ち》からお題目《だいもく》を送《おく》り続《つづ》けました。

パナマに着《つ》いてからも、皆《みな》さんのことを思いつつ、メッセージを送《おく》りました。ペルーでの文化祭《ぶんかさい》に出席《しゅっせき》した時も、ブラジルの皆《みな》さんのことが頭から離《はな》れなかった。

心はブラジルの文化祭《ぶんかさい》に出席《しゅっせき》した思いで、その時の胸章《きょうしょう》を贈《おく》らせていただきました。

カマタ　先生の真心《まごころ》に、私たちは奮《ふる》い立《た》ちました。

メンバーの成長《せいちょう》の様子《ようす》をお伝《つた》えしたいと思い、その機会《きかい》を待《ま》ち望《のぞ》んでいたのですが、ようやく仕事《しごと》の関係《かんけい》で訪日《ほうにち》のチャンスがめぐってきたのは、八一年の夏《なつ》のことでした。

長野研修道場《ながのけんしゅうどうじょう》で先生にお会《あ》いできた私は、思い切って「どうかブラジルに来てください」と申《もう》し上《あ》げました。

先生は、そんな私を温《あたた》かく激励《げきれい》してくださいました。

電気自動車《でんきじどうしゃ》の横《よこ》に私を乗《の》せ、研修道場内《けんしゅうどうじょうない》を自《みずか》ら運転《うんてん》して案内《あんない》してくださったり、二人《ふたり》だけで記念撮影《きねんさつえい》をしていただきました。

アギヘ　その話を、帰国《きこく》してカマタさんから聞いたメンバーの間《あいだ》で感動《かんどう》が広がりました。

それで婦人部《ふじんぶ》が決意《けつい》して、池田先生の訪問《ほうもん》が一日も早《はや》く実現《じつげん》するよう唱題会《しょうだいかい》を始《はじ》めました。その中心者《ちゅうしんしゃ》が、七年前（一九九三年）に亡《な》くなったサイトウ婦人部長でした。

週《しゅう》四回、自由参加《じゆうさんか》で行《おこ》なわれる唱題会《しょうだいかい》は、先生がいらっしゃった八四年の二月まで、三年間あまりにわたって休《やす》まず続《つづ》けられました。

サイトウ婦人部長《ふじんぶちょう》は、先生の訪問《ほうもん》が正式《せいしき》に発表《はっぴょう》されてからも、〝到着《とうちゃく》される日まで、気をゆるめず、祈《いの》り抜《ぬ》きましょう〟と言われていました。

練習会場《れんしゅうかいじょう》を揺《ゆ》るがした勝利《しょうり》の歓声《かんせい》

池田　皆《みな》さんの強い祈《いの》りで、再《ふたた》びのブラジル訪問《ほうもん》を果《は》たすことができました。
北南米訪問《ほくなんべいほうもん》のために日本を発《た》ったのは、戸田先生の生誕《せいたん》の日、二月十一日のことでした。

アメリカでの諸行事《しょぎょうじ》を終《お》え、マイアミ空港《くうこう》からブラジルに向かう私たちを、アメリカの同志《どうし》も本当《ほんとう》に祝福《しゅくふく》してくれていました。最《もっと》も苦労《くろう》したところが、最も幸《しあわ》せになり、最も栄《さか》えていく——それが、仏法《ぶっぽう》の道理《どうり》です。

ブラジルSGIの皆《みな》さんの苦労《くろう》を思い、私は機中《きちゅう》で、皆さんをどう励《はげ》まそうかと、それればかりを考えていました。

カマタ　サンパウロ空港《くうこう》に着《つ》かれた池田先生は、出迎《でむか》えたサイトウ婦人部長《ふじんぶちょう》らに、「十八年分《ぶん》の空白《くうはく》を全部埋《ぜんぶう》めるから、安心《あんしん》してください」と声をかけられた。近くにいた私も、胸《むね》が熱《あつ》くなりました。

その日は、一週間後《いっしゅうかんご》に迫《せま》った文化祭《ぶんかさい》の総合練習《そうごうれんしゅう》が行《おこ》なわれていました。熱《あつ》い夏《なつ》の盛《さか》りの日でした。

文化祭《ぶんかさい》の実行委員長《じっこういいんちょう》をしていた私は、先生到着《とうちゃく》のニュースを早《はや》く皆《みな》に伝《つた》えたいと、急《いそ》いで練習会場《れんしゅうかいじょう》に戻《もど》りました。

会場《かいじょう》に着《つ》くと、およそ練習《れんしゅう》会場に不似合《ふにあ》いな背広《せびろ》とネクタイ姿《すがた》で、観客席《かんきゃくせき》の階段《かいだん》を慌《あわ》ただしく駆《か》け上《のぼ》る私の姿《すがた》に気づいたのか、練習していたメンバーの動きが止《と》まりました。

そして、マイクを握《にぎ》った私に、八千人のメンバーの視線《しせん》が注《そそ》がれたのです。

「私は、とてもうれしくてなりません！

先生がブラジルに到着《とうちゃく》されました！」

最後《さいご》まで言い終わらないうちに、会場《かいじょう》を揺《ゆ》るがすような歓呼《かんこ》の声が起《お》こりました。

アギへ　あの時、私は「人文字《ひともじ》」のメンバーとして、夫《おっと》とともに練習《れんしゅう》に参加《さんか》していました。

皆《みな》で抱《だ》き合《あ》ったり、サンバのリズムで踊《おど》り出《だ》したり、感激《かんげき》の渦《うず》は二十分近く続《つづ》きましたね。

そうこうしていると、今度《こんど》は、先生から全員《ぜんいん》に冷《つめ》たい缶《かん》ジュースとパンの激励《げきれい》をいただいたとの連絡《れんらく》が入《はい》り、皆《みな》の喜《よろこ》びが広がって……。

練習《れんしゅう》は、再《ふたた》び〝中断《ちゅうだん》〟してしまいました（笑い）。

あの時、いただいた真心《まごころ》を忘《わす》れないように、空《あ》き缶《かん》をペン立てや貯金箱《ちょきんばこ》にして、家で記念《きねん》に飾《かざ》っているメンバーもいます。

池田　皆《みな》さんのもとへ、少しでも早《はや》くうかがいたい気持ちでいっぱいだったのですが、諸行事《しょぎょうじ》が重《かさ》なっており、かないませんでした。

ブラジリアで、大統領《だいとうりょう》との会見《かいけん》を終《お》え、サンパウロに戻《もど》ってから、本番《ほんばん》の前日《ぜんじつ》にリハーサルが行《おこ》なわれると聞いて、会場《かいじょう》に向かいました。

カマタ　その時、先生は「二度と会《あ》えない人がいるかもしれないから」と言って、宿舎《しゅくしゃ》を出られたと、後《あと》でうかがいました。

あの日、会場《かいじょう》の収容人数《しゅうようにんずう》の関係《かんけい》で、文化祭《ぶんかさい》の本番《ほんばん》を見ることができない多くのメンバーのために、私たちはリハーサルを一般公開《いっぱんこうかい》にしていたのです。

感動のフィナーレを迎えた大文化祭。瞳《ひとみ》を輝かせたブラジルSGIの友の歓声が、場内に響《ひび》きわたる（写真上）

「2001年グループ」（少年・少女部メンバー）も、テレビで人気を呼んだ歌にのって、元気いっぱいに踊《おど》る（写真下）

ですから、先生の予期《よき》せぬ来訪《らいほう》を知ったメンバーの喜《よろこ》びは、ひとしおでした。

白《しろ》いワイシャツ姿《すがた》の先生が会場《かいじょう》に入《はい》られるやいなや、どこからともなく、〝エ・ピケ、エ・ピケ、エ・ピケ、ピケピケ！　エ・オラ、エ・オラ、エ・オラ、オラオラ……〟と勝《か》ち鬨《どき》があがりました。

皆《みな》の歓声《かんせい》に応《こた》えるように、先生が両手《りょうて》を高々《たかだか》と挙《あ》げた〝Vサイン〟のポーズで、ゆっくり踏《ふ》みしめるようにグラウンドを一周《いっしゅう》された姿《すがた》を、生涯《しょうがい》、忘《わす》れることはできません。

アギへ　夢《ゆめ》のような出来事《できごと》でした。

先生の突然《とつぜん》の来訪《らいほう》は、私にとって〝二重《にじゅう》の喜《よろこ》び〟でした。

リハーサルを見に来ていた母と地域《ちいき》の婦人部《ふじんぶ》の方《かた》が、思いがけず、先生にお会《あ》いすることができたからです。

当時《とうじ》、私たち夫婦《ふうふ》は共働《ともばたら》きで、子どもたちもまだ幼《おさな》く、文化祭《ぶんかさい》の練習《れんしゅう》に出ること自体《じたい》が大変《たいへん》でした。

それで約半年間《やくはんとしかん》、練習《れんしゅう》があるたびに、母やその婦人部の方《かた》に子どもの面倒《めんどう》をみてもらったり、さまざま助《たす》けてもらっていたのです。

私たち夫婦《ふうふ》も感謝《かんしゃ》の思いで、練習《れんしゅう》に、活動《かつどう》にと、全力《ぜんりょく》で取《と》り組《く》みました。

ですから、その時、先生が話された言葉《ことば》が深《ふか》く心に染《し》みたのです。

「文化祭《ぶんかさい》の開催《かいさい》まで、どれほどの労苦《ろうく》と、美《うつく》しい心と心の連携《れんけい》があったことだろう。また、どれほどのたくましき成長《せいちょう》の前進《ぜんしん》があったことかと、私は、涙《なみだ》をもって、皆《みな》さんを讃《たた》えたい」

陰《かげ》で支《ささ》えてくれていた二人《ふたり》にまで、生涯《しょうがい》に残《のこ》る思い出をつくっていただき、家に帰《かえ》った後《あと》、いっしょに喜《よろこ》び合《あ》うことができました。

試練《しれん》を乗《の》り越《こ》え
親子ともに〝真金《しんきん》の人生《じんせい》〟を

池田　お一人《ひとり》お一人が、大切《たいせつ》な大切な同志《どうし》です。

十八年ぶりの訪問《ほうもん》でしたから、長い間《あいだ》、懸命《けんめい》に頑張《がんば》ってこられた方々《かたがた》に一人《ひとり》でも多くお会《あ》いし、激励《げきれい》して差《さ》し上《あ》げたかったのです。

陰《かげ》の人をどこまでも大切《たいせつ》にする——私は戸田先生から、この精神《せいしん》を徹《てっ》して学《まな》びました。先生は「学会は、どんどん大きくなるだろうが、一人《ひとり》を大切にする心を忘《わす》れないかぎり、盤石《ばんじゃく》だよ」とおっしゃっていた。

文化祭《ぶんかさい》に限《かぎ》らず、広布《こうふ》の活動《かつどう》は、多くの人たちの〝支《ささ》え〟なくして、できるものではありません。皆《みな》が心を一つにして、それぞれの立場《たちば》で支え合ってこそ、ともに勝利《しょうり》し、輝《かがや》くことができるのです。

家庭《かてい》でも、同じことが言えるでしょう。一人《ひとり》では乗《の》り越《こ》えられない壁《かべ》でも、励《はげ》まし合えば、無限《むげん》の「勇気《ゆうき》」が湧《わ》いてくる。支《ささ》えてくれる人の存在《そんざい》で、何倍《なんばい》もの力を引き出すことができるのです。

カマタ　池田先生が出席《しゅっせき》してくださったことで、リハーサルは、はからずも本番《ばん》に先立《さきだ》つ〝第一回〟の文化祭《ぶんかさい》になりました。

会場《かいじょう》を後《あと》にされた先生に、お礼《れい》を申《もう》しあげると、「世界一だよ」と言葉《ことば》をかけてくださって……。
リハーサル終了後《しゅうりょうご》、メンバーにそのことを伝《つた》えると、皆《みな》がうれし泣《な》きを始《はじ》めました。
〝このままだと、皆《みな》の目《め》が腫《は》れたまま、本番《ほんばん》を迎《むか》えなければならない〟と（笑い）、スタッフの間《あいだ》で心配《しんぱい》したほどでした。

アギヘ　ですから、私たちも気を引《ひ》き締《し》めて翌日《よくじつ》の本番《ほんばん》に臨《のぞ》みました。
文化祭《ぶんかさい》のフィナーレで、「サウダソン・ア・センセイ（ようこそ！　先生）」を歌った思い出は、一生《いっしょう》の宝《たから》になっています。

池田　近くに座《すわ》っていた来賓《らいひん》の方々《かたがた》も、拍手《はくしゅ》と声援《せいえん》を惜《お》しみなく送《おく》っておられた。
本当《ほんとう》に歴史《れきし》に残《のこ》る大文化祭《だいぶんかさい》でした。

カマタ　文化祭《ぶんかさい》が大成功《だいせいこう》に終わり、私は、十年前の悔《くや》しさを晴《は》らす思いがしました。

感動《かんどう》さめやらぬまま、スタッフの控室《ひかえしつ》に戻《もど》り、皆《みな》で喜《よろこ》びを分《わ》かち合《あ》っていると、私たちのところへ、先生からの贈《おく》り物《もの》が届《とど》けられました。

それは文化祭《ぶんかさい》の胸章《きょうしょう》でした。会場《かいじょう》で先生が着《つ》けられていた大輪《たいりん》の胸章だったのです。

そこには「ＤＡＩＳＡＫＵ　ＩＫＥＤＡ」と、先生のサインが入《はい》っていました。

あの時と同じ胸章《きょうしょう》だ。それも今度《こんど》は〝私たちの文化祭《ぶんかさい》〟の胸章だ！――先生の限《かぎ》りない慈愛《じあい》と真心《まごころ》を、感じずにはおれませんでした。

代表《だいひょう》して頂戴《ちょうだい》した胸章《きょうしょう》は、ブラジルＳＧＩメンバーの涙《なみだ》と汗《あせ》の結晶《けっしょう》として、わが家《や》で大切《たいせつ》に保管《ほかん》させていただいています。

池田　文化祭《ぶんかさい》では、試練《しれん》の波《なみ》を乗《の》り越《こ》えてこられた、皆《みな》さんの「負《ま》けじ魂《だましい》」が光《ひか》っていました。

今日《こんにち》のブラジルＳＧＩの大発展《だいはってん》の因《いん》は、その時につくられたと、私は思います。

御書《ごしょ》には、「金《こがね》は大火《たいか》にも焼《や》けず大水《だいすい》にも漂《ただよ》わず朽《く》ちず・鉄《くろがね》は水火共《すいかとも》に堪《た》えず・賢人《けんじん》は金《こがね》の如《ごと》く愚人《ぐじん》は鉄《くろがね》の如《ごと》し・貴辺豈真金《きへんあにしんきん》に非《あら》ずや・法華経《ほけきょう》の金《こがね》を持《たも》つ故《ゆえ》か」（一三三七㌻）と仰《おお》せです。

〝もう、ダメだ〟と思うような苦《くる》しい出来事《できごと》さえ、後《あと》で振《ふ》り返《かえ》った時に、かけがえのない思い出に変《か》えていけるのが、信心《しんじん》の力《ちから》です。

つまずいたり、逃《に》げ出したくなった時、苦《くる》しさに負《ま》け、心を曇《くも》らせてしまうのか、磨《みが》いて輝《かがや》かせていくのか――。その違《ちが》いで、人生《じんせい》は大きく変《か》わってきます。

目先《めさき》の幸不幸《こうふこう》にとらわれたり、環境《かんきょう》に左右《さゆう》されるような人生《じんせい》では、悔《く》いが残《のこ》るし、わびしい。

そんな「自分」のない弱々《よわよわ》しい人生《じんせい》であってはなりません。

あっちを見たり、こっちを見たりと、迷《まよ》い続《つづ》けていけば、目的地《もくてきち》にたどり着《つ》くことはできません。目標《もくひょう》を決めたら、まっすぐ進《すす》んでいけばよいのです。

そうすれば、月がだんだんと満《み》ちていくように、生命《せいめい》に刻《きざ》んだ福運《ふくうん》が必《かなら》ず皆《みな》さんの人生《じんせい》を飾《かざ》り、家庭《かてい》や子どもの未来《みらい》を輝《かがや》かせていくことは間違《まちが》いない。

それが、〝真金《しんきん》の人生《じんせい》〟を歩《あゆ》んでいくことになるのです。

《注》

＊1　**アリストテレス**

前三八四〜前三二二。古代ギリシャの哲学者。プラトンの学園アカデメイアで学び、マケドニアの宮廷《きゅうてい》で後のアレクサンダー大王の家庭教師を務《つと》める。アテネに戻って学園リュケイオンを創設。弟子の育成とともに、諸《しょ》学問を膨大《ぼうだい》な体系にまとめあげた。

＊2　**顕益・冥益**

益《やく》とは、利益《りやく》・功徳《くどく》のこと。祈りがただちに利益となってはっきり現れるのが顕益《けんやく》。一方、冥《みょう》とは、明らかでないさま、溶け込んで目に見えないさまをいい、はっきりとは見えないが、次第《しだい》に福運《ふくうん》を積み、大利益を現すことを冥益《みょうやく》という。

＊3　**シャトーブリアン**

ブラジルの新聞王、アシス・シャトーブリアン。第二次世界大戦後、私財《しざい》のみならず資金を借り受けてまで多数の美術品を収集し、一九四七年、サンパウロ美術館を創立。所蔵する西洋美術の至宝《しほう》の数々は、「奇跡《きせき》のコレクション」と呼ばれる。

＊索　引（五十音順）

―あ行―

―か行―

—さ行—

〈著者紹介〉

池田大作●いけだ・だいさく

1928年1月2日、東京都生まれ。創価学会名誉会長。創価学会インタナショナル（ＳＧＩ）会長。創価大学、創価学園、民主音楽協会、東京富士美術館、東洋哲学研究所などを創立。国連平和賞、国連栄誉表彰、ブラジル南十字国家勲章、桂冠詩人の称号など、受賞多数。モスクワ大学、グラスゴー大学、北京大学、香港大学、デンバー大学など、世界の大学・学術機関から、100を超える名誉博士、名誉教授等の称号を受ける。

著書に『人間革命』（全12巻）、トインビー博士との対談『二十一世紀への対話』、ゴルバチョフ元ソ連大統領との対談『二十世紀の精神の教訓』など、多数。

母《はは》と子《こ》の世紀《せいき》(1)——世界《せかい》の友《とも》と教育《きょういく》を語《かた》る

2001年7月17日　初版第1刷発行

著　者　池田大作《いけだだいさく》

発行者　松岡佑吉

発行所　株式会社　第三文明社

東京都新宿区本塩町11－1　郵便番号　160-0003

電話番号　03（5269）7145（営業）

03（5269）7154（編集）

URL　http://www.daisanbunmei.co.jp

振替口座　00150-3-117823

印刷・製本　凸版印刷株式会社

ISBN4-476-05032-8